了空师尊，系全真道教龙门派第十代师祖，道号清净，是作者的师祖。

千峰老人赵避尘，全真道教龙门派第十一代祖师，道号一子，又名顺一子，是作者的丹道师爷。

了空师尊和千峰老人赵避尘师徒合影。

杜心五师爷像（注：此像是杜心五师爷的学生徐悲鸿大师所画，由杜修嗣师叔给作者）。

玄金子，俗名牛金宝，又号普恩居士，全真道教龙门派第十二代，道号阳春。千峰先天派第一代师祖。是作者父亲。

作者和原中国武术协会名誉主席霍英东先生及其子世界武联副主席、亚洲武联主席霍震寰先生于南沙合影。

作者恩师李天骥先生1983年在武当山留影。八卦掌之青龙探爪式。

1996年和恩师李天骥、伯母种美瑞的合影。弟子欧美成陪同。

作者的师叔杜修嗣先生。

1996年和赵紫阳同志合影于北京。

2006年参加联合国第二届华人春节晚会合影（第二排第二人）。

2007年春节作者和澳大利亚再传弟子方源龙在悉尼合影。

和丹道全真龙门第十四代弟子李复贞合影。

2005年和海外弟子学生合影。左一瑞士多米尼克，左二美国义子周易，左三马丁夫人瑞士，右一巴勒斯坦弟子奥萨玛阿比哈拉（阿莱），右二瑞士马丁。

2009年在珠海授权美国义子周易，斯洛文尼亚弟子米奇开班授教由夫人刘华西学生（左一）苏一帆，（右一）王伟合影。

2006年作者长子牛晓旭和作者的澳大利亚大弟子方展荣及美国大弟子周易在香港合影。

作者与长孙牛天赐2005年在湖南张家界合影（牛天赐获2003年北京全国形意拳大赛少年组形意拳第二名、形意剑第六名）。

2010年和希腊弟子荻米太司及再传弟子们合影。

和再传女弟子索楚瑞拉在雅典合影。2010年、2011年索楚瑞拉在德国工作，知师爷来雅典从德国赶回希腊雅典拜见师爷。

与广州部分弟子再传弟子合影。

武道双修录

牛胜先 著

人民体育出版社

自　序

　　父师传授正宗龙门丹道功法，携我步入探索武道双修的明路。在父亲的熏陶下，我自幼喜武乐道。从上世纪50年代起，父亲逐步传我一些实用功法，1987年起正式拜父为师，赐道号"妙成子"，成为龙门千峰先天派门人。1988年8月，杜修嗣师叔派杜心五自然门掌门大弟子彭镇来京，正式通知我为千峰先天派掌门人。1988年6月，父亲算定坐化日子后，专门提出要我伺候10天，其间将理顺后的三步功法、传护道大法、赐龙门法号、掌管千峰门户、掌管道规等，精心传授予我。这样一来，我将恩师传我的内家拳法与父师授我的道家功法，融为一炉、合为一体、相互印证、相互渗透、相互促进、相得益彰。古拳经云："固灵根而动心者，武艺也；养灵根而静心者，修道也。"1998年6月，我编著的《道家养生功》付梓发行。自此，我终日沉浸于探索武道双修、武道合一的妙趣之中，其益多多，其乐陶陶。

　　师恩父恩如山，师命父命如山。2003年以来，我陆续写了《你们毁了我的太极拳》《怀念恩师李天骥》《怀念父师牛金宝》《妙成子解〈太极拳歌〉》《武道合一张三丰》等武术丹道文章。不求花团锦簇、辞藻华丽，但求直抒己见、求真务实。有些论文，是在继承恩师研究成果的基础上，反复考证形成的，完全是为了完成恩师的未竟夙愿，是师命使然、责任使然、良知使然。当年，恩师因受历史条件和考据不足等限制，加之经历10年浩劫残酷迫害，心有余悸，谨言慎行，出于武术界团结等大局考虑，有些话不便说、不好说也不能说，只能如鲠在喉、三缄其口。时过境迁，欣逢盛世，神州大地政治更加民主、社会更加开明、学术更加繁荣。故而，本人受师恩父恩驱策和师命父命鞭挞，将这些文章整理成册，以报师恩父恩，以复师命父命，以慰在天之灵。

　　我只是一个普通的丹道武者，又是凡夫俗子，为了捍卫太极拳，维护国术精粹，我提出了一些个人见解，只求正本清源，还原太极拳真相。本书论文提出的一些研究结论，与某些拳术门派和"权威"学者的说法有相左之处。记得古希腊柏拉图说过"真理可能在少数人一边"；列宁也说过"真理往往掌握在少数人手中"。我不敢说自己的一家之言或一孔之见就是真理，但是通过客观论证，对前人或他人（哪怕是名人、伟人）的论点提出质疑，是学术研究的不二法则，是推动社会进步的必由之路，应当无可厚非。真理越辩越明，事实胜于雄辩，不唯上不唯书只唯实。从我本意来说，志在公布自己多年研究的结果，志在发表自己长期修炼的体会和感悟，志在研讨交流、抛砖引玉。得罪之处，敬请有关人士海涵。不当之处，敬请各位明家赐教。

牛胜先
2014 年 8 月

前 言

武道合一是明家

通常来说，拳家大体分四类：一是有名有实的，二是无名无实的，三是有名无实的，四是无名有实的。即使是有名有实的武术家，也有高下之分，有的是只会练和用，但不能从理论与实践的结合上予以深化和升华，说出个道道来；有的是确有一身绝世神功，也能说出点门道，但却苦于授业无良方，教不出一个高徒来；等等。纵观眼下，浪得虚名的拳家多如牛毛，名副其实的明家却寥若晨星。

牛胜先老师作为李天骥老先生的得意高足，其过人之处，不仅体现在其炉火纯青的内家拳术，还在于其幼承家学的丹道之术。武术圈中，他是赫赫有名的内家高手，是明师中的名师。而鲜为人知的是，他作为道教龙门千峰先天派嫡传总掌门人，其秘传的丹道之功精纯深厚，独步天下，播及海外。为此，其武道双修功法，无论是动中求静的内家拳术，还是静中求动的丹道之功，均不同于通常意义上的内家拳家或丹道养生家，可谓是名师中的明家。更可贵的是，他潜心刨根溯源，执意探索实践，自觉把丹道与武术有机地统一起来，坚持为我所用、为世所用，力求推陈出新、发扬光大。

譬如，通过多年的研究及实践，他认为，太极拳与道家养生功同出一源，太极拳是道家养生文化和道家武术文化的产物。如老子在《道德经》中讲"虚其心，实其腹"，而太极拳从始至终都要求虚心、实腹；老子讲"至虚极，守静笃"，而练太极拳也讲求动中求静。所不同的是，太极拳本身是击技，以动求静，练形为主，由表向里发展；道功则是以静待动，炼神炁为主，由内向外发展。从历史来看，很多武术名家，同时也是得道高人。钟离权（汉代将军）、吕洞宾（人称剑仙）、王重阳（武举人）等自不待言，武当张三丰、少林达摩老祖、曹还阳、伍冲虚、千峰老人赵避尘、自然门杜心五等前辈，也是将道功与武功融为一体的典范。

正因为具有非同寻常的武功、道功背景，因此，他所教授的内家拳法自然与别人绝然不同。譬如，他在教授如何才能真正做到沉肩坠肘、含胸拔背、气沉丹田等内家拳基本要领时，就有其自成一体的见解和诀窍，并能够作出由此及彼、由表及里、通俗易懂、深入浅出的明晰讲解和示范。他强调，丹田（此处指下丹田），既是道家养生功法中的重要部位，也是内家拳练习中人体上下相随的重要部位。实践证明，只要按照他所传授的方法认真练习，持之以恒，则无论是身法与技法，还是心法与功法，均能得到长足的进步，渐次步入武道兼修之明路……

毋庸置疑，牛胜先的武道造诣和学养魅力所绽放的异彩，已经并必将继续吸引更多的海内外同道，更加深远地感染、泗浸着我们这些幸运的弟子们，更加有力地促进社会对中国道家思想文化精髓的领会、践行、传承、光大。

我们深知，牛胜先老师的武功、道法、学养，是一笔弥足珍贵的文化瑰宝和精神财富。今天，他将多年专心修炼、潜心研究积累的成果汇编成册，以利于推动武术与丹道的学术拓展与创新，既是中国传统武道文化的幸事，也是十分有意义的趣事和益事，还是利国利民的功德善举。

道可道，非常道；名可名，非常名。借此机会，赋小诗一首赞颂恩师牛胜先：身负绝学臻化境，琴心剑胆誉天下。内家拳风开通衢，养生丹道大轴压。学识修为攀高峰，腹有乾坤岂自华。功夫应在技窍外，道德精神向紫霞。

本书编研秘书组
2014 年 8 月

目 录

太极形意八卦篇

你们毁了我的太极拳 …………………………………（2）
你们毁了我的太极拳（续篇）…………………………（5）
简谈太极推手技术要领 …………………………………（21）
金不换的三体式和劈拳
　　——忆李天骥恩师授我形意拳 …………………（28）
论郭云深无敌崩拳 ………………………………………（32）
李天骥恩师授我八卦掌 …………………………………（37）

经典拳论解读篇

妙成子解《太极行功说》………………………………（42）
妙成子解"附清山阴王宗岳《太极拳经》"……………（47）
妙成子解《十三势歌》…………………………………（55）
妙成子解《十三势行功心解》…………………………（59）
妙成子解《打手歌》……………………………………（67）

太极传承考证篇

张三丰拳法资料记载探究 ………………………………（70）
张三丰身世及功法传承探究 ……………………………（80）

武道合一探究篇

妙成子解《张三丰祖师参禅歌》………………………（90）

武道合一张三丰
　　——从道功和武术两处探究张三丰祖师 ……… (100)

武道人物轶事篇

"铁臂苍猿"李玉琳轶事 …………………………… (110)

怀念恩师李天骥 …………………………………… (113)

哭啼而来含笑去　撒手逍遥入九天
　　——深切怀念我的父亲牛金宝 ………………… (120)

怀念启蒙恩师杨凤翔 ……………………………… (125)

无极刀李尧臣二三事 ……………………………… (128)

网上答疑解惑篇

内家拳功夫访谈录 ………………………………… (132)

弟子练功心得篇

形意拳入门三要素（胡德开）……………………… (152)

劈拳练要浅悟（马劲轲）…………………………… (158)

一段武当剑　今生武道缘（林帅）………………… (166)

踏破铁鞋求真功　牛师德艺为正宗（张希凡）…… (169)

丹道予我灵魂（周易）……………………………… (171)

武道同修遇明师（赵增田）………………………… (173)

金牌教练牛胜先（张维忠）………………………… (177)

修炼丹道静为先（李俊）…………………………… (178)

修炼道功点滴体会（陈志文）……………………… (181)

修炼龙门千峰派丹法初步实证体验（陈云灿）…… (183)

追寻明师习武的日子（邃玮峰）…………………… (191)

平实本色　大家风范（苏一帆）…………………… (199)

恩师授我法船桨（郑兴河）……………………（207）
内家拳强身健志之我见（彭东原）……………（211）
龙门丹道法　助我太极功（李斌）……………（215）
后记 ……………………………………………（216）

太极形意八卦

你们毁了我的太极拳

"你们毁了我的太极拳，我的形意拳不能再毁在你们手中！"这是李天骥恩师在上世纪70年代末，教育我们一位同学所说的话。原因是，我的这位同学将要代表北京队参加全国比赛，这次比赛必须是选拔五项才成，我的这位同学一时凑不齐五项，就想拿形意拳去参赛，他来请示老师。恰巧我在老师家，老师对这位同学不客气地说："你们已经毁了我的太极拳，我的形意拳不能再毁在你们手中！"

一、老师为什么要这样说

当时，北京出现了太极拳摆步多少度、弓步多少度、这么一个角度、那么一个角度等一些知识分子提出来的问题。老师回答他们："照你们这个说法，我也没法练了。"这些同学不是在基本技术上下大功夫，而是在角度上下了大功夫，比如他们的腰腿不好，就应该在腰腿上下功夫，可是他们不在腰腿上下功夫，而是在角度上找齐，这样一来，就把太极拳的方向引向了歧途。一趟简化太极拳，竟搞得龙生九子，九子九样，一个老师教的学生，却各有各的理解。为此，老师组建了家庭班，强调在家庭班统一简化太极拳。于是，我们十几位同学又重新下功夫练24式简化太极拳，由老师一个一个地纠正动作。家庭班虽然人数不多，但改起来也很难，不少同学不肯放弃自己的练法，无论老师怎么改，他该怎么练还是怎么练。尽管如此，还是改出了两三个接近老师要求的人，他们才是简化太极拳第二代真正的代表。

二、为什么会出错

1996 年，李天骥恩师与世长辞。简化太极拳的创始人没有了，以简化太极拳为基础的 88 式、66 式、48 式、42 式等，就各有各的发展了。发展到今天，连我这个跟随老师多年的学生，竟然也不认识今天的 42 式太极拳、太极剑了。他们把国家体委系统以李天骥恩师为楷模的太极拳，练得软、散、懒、乱，没有哪一个动作合乎规范，除了腰腿好些外，几乎没有什么太极拳的味道，完完全全是一种长拳慢练的新品种。含胸、敛臀、功架取中，这本是太极拳最重要的基本要求，而他们放弃了。他们是挺胸、撅臀、蹲着练，这些原则性的错误为什么会出现呢？根就在专业学院、大学教授那里。他们自己这么练，培养了一批运动员这么练，又相应地培养了一批裁判员，谁不挺胸，谁不撅臀，谁不蹲得很低，他们就不给高分。于是乎，不少人本来对太极拳的认识就模糊，这样一来都跟着跑，他们根本不清楚敛住臀根本就蹲不低这个道理，所以一个蹲大家都蹲。

三、错在哪里

那些专家教授以长拳、少林拳为基业，一夜之间竟成了太极拳界的权威。他们根本不了解，太极拳和长拳、少林拳是根本要求不同的拳种。两种拳派的风格，谁改谁都得脱胎换骨，他们自身都是专家、教授，谁又去监督他们脱胎换骨呢？因此以讹传讹，就使这些撅臀、挺胸、蹲着练的太极拳，堂而皇之地出笼了。因为教授是长拳出身，运动员是长拳出身，裁判员是长拳出身，这种长拳慢练的太极拳自然很容易被接受，大家都这么练，竟使得不撅臀、不挺胸、不蹲着练的人无地自容了。这真是天大的笑话，真同德国一位老政治家所说的"谣言千遍，就是真理"

异曲同工。面对这样的太极拳局面，谁有回天之术改之？当然是懂业务的领导。如果专业院校的领导能认识到这种太极拳是长拳慢练，并下决心让全国的太极拳专家来共同会诊，太极拳在我们这一代就还有希望，否则长拳慢练的太极拳就会一代一代传下去，使后人不知长拳、少林拳和太极拳、形意拳、八卦掌有什么区别，我们都将成为葬送中国太极拳的罪人。众所周知，一个糖炒栗子，还有它严格的传统工艺，何况博大精深的太极拳。古人对练拳要求是极严的，"差之毫厘，谬之千里"，一个含胸、功架取中，一个挺胸、撅臀、蹲着练拳，差之何止毫厘，谬之何止千里。

四、还我太极拳真面目

我为求太极拳之真谛，苦等老师13年。精诚所至，金石为开。在1975年，我终于有机会重新跟老师学拳。老师让我把过去练了22年的东西全丢掉，从零开始，从头重新学拳。我通过十几年的努力，终于练得太极、形意、八卦完整、脱俗。回顾一下成长之路，没有一样是顺利的，都是久经磨炼而成。如太极拳，一个24式，老师给我纠正无数遍才成功。如形意拳一个劈拳，我抓了6年而劲整。如八卦掌前四掌，我整整练了4年，老师又重新给我纠正而成功。我这三大拳都是二进宫，苦练而成的。今天，我不能眼睁睁看着有人毁我老师编创的24式、88式、66式、48式、42式等太极拳。凡是挺胸、撅臀、蹲着练太极拳者，请住手，还我太极拳真面目！

2003年6月作于北京

你们毁了我的太极拳（续篇）

我于2003年写的《你们毁了我的太极拳》在博武网发表后，得到了许多朋友的支持和喜爱。不少人来信来电，希望我继续写太极拳方面的文章。但由于后来较忙，一直抽不出时间坐下来写作。最近稍有闲暇，于是抓紧时间写了此文，作为《你们毁了我的太极拳》的续篇，不当之处在所难免，请行家里手指正。

俗话说，没有规矩不成方圆。说明我们不管做什么工作都要尊重规律、循规蹈矩。不按着本行本业的规矩，肯定办不好本行本业的事。比如四川成都陈麻婆的豆腐，那么简单的一道菜，各家有各家的做法，但都做不出陈麻婆的豆腐本味来，就是因为没有陈麻婆的方法和规矩。更何况太极拳是一个大拳，是三大内家拳之一的上乘功夫、上乘拳术，没有规矩能学得好吗？没有继承能发展得了吗？真正的太极拳功夫是阳春白雪，不下些决断的大功夫是根本得不到它的真谛的，不出些血本也休想进入它的殿堂。太极拳是道家养生文化和道家武术文化的产物。从历史溯源来看，太极拳经老子、尹喜、麻衣道人李和、陈抟、火龙子贾得升、张三丰等历代祖师逐渐发展而成。如老子在《道德经》中讲"虚其心，实其腹"，而太极拳从始至终都要求虚心、实腹；老子讲"至虚极，守静笃"，而练太极拳也讲求动中求静。由此可见，太极拳处处合于道，属于道家养生文化和道家武术文化。但现在绝大多数太极拳练习者，包括很多专家教授、七段八段九段，都没有真正明白这个道理，根本做不到太极拳的规矩。或是一知半解，嘴上说说而已，实际做起来却根本不是那么回事。现从以下问题逐个探讨，力求还太极拳真面目。

一、桩功

桩功是练好太极拳的首要问题。没有桩功的太极拳好比建在沙滩上的楼房，风一吹便倒，由此可见桩功的重要。那么练太极拳要站哪些桩功呢？太极拳桩功很多，有开合桩、下蹲桩、马步桩、手挥琵琶桩、提手上势桩、白鹤亮翅桩等等，实际上每个太极拳的动作都是一个桩。要把桩功练得一般人两三个乃至三五个都推不动、拉不动，多棒的小伙子，也休想抬起胳膊来，才算基本达到太极桩功的要求。而现在从各体育大学院校到省市武术队的专业教练，乃至各地的太极拳辅导站的教练员、辅导员们，根本不教学者练桩，甚至连他们自己也不知道什么是站桩。据这些教练员、辅导员们讲，出光盘的那些专家教授，都不谈太极拳站桩的问题，叫我们知道什么？所以我说那些练太极拳不站桩、不懂站桩，或说站桩没用的专家教授们、七段八段九段们，毁了太极拳的根子！

1978年，我所在的单位与另一单位发生矛盾。我的单位盖房挖地基，另一单位要拆房。为了拿证据，我们派人把对方拆房的情形照了下来，结果对方派人抢相机，双方因此发生了武斗。个别人为了将矛盾闹大，隔着房子往人群里扔砖头，在场的几十人立即发生了骚乱。对方一些人见我很瘦，又是专管这个厂子搬迁的负责人，于是想把我推进地基沟里。但他们万万没有想到，十几个人就是推我不动。他们又派了两个一米八以上的大个子，每人架着我的一只胳膊，想把我架出去打，但任凭他们怎么架也架不动。后来他们改变主意，几十人一齐喊着口号从后向前推我，结果他们的一个人迎面和我撞上，立即应声倒地。那天我们被对方打伤了十几个人，而我却安然无恙。试想如果不是我练武术有桩功，怕是要吃大亏。练功夫，不是专门为了打人，但关键时刻要能自卫，这才是至关重要的。如果我也练这些不站桩的太极拳，那天的后果就不堪设想了。

二、头部功夫

练太极拳对头部的要求是，头容正直，下颏微里收。名曰：虚灵顶劲。下颏微一收，气贯于顶。如果推手发人时差了头顶悬之劲，就可能发不动或发不远。有了这头顶悬的劲，就可能发得动或发得很漂亮。所以虚灵顶劲不可少。面部表情要自然，不可嘻皮笑脸，也不能呲牙咧嘴（练形意拳、八卦掌也是同样的要求）。总之不管多难多易，都要求面部表情自然，好像什么事也没发生那样。

三、眼部功夫

练太极拳时，眼神从始至终都要配合动作。该看前方时要看前方，该看前手时要看前手。不管看哪里，都要让人觉着自然得体。不能该看前手时看了后手，该看右手时看了左手。如白鹤亮翅，定势后应看正前方；又如左野马分鬃，抱球时右手在上左手在下，眼应看上面右手食指。当左脚迈出去，慢慢落实成左弓步时，左手也同时到左胸前，右手停于右胯旁，这时眼就得看左手虎口或食指。眼看左手时，既不能瞪眼也不能迷茫，而是要两眼有神地注视前手。更为难做的是，不论一趟太极拳有多少动作，练10分钟、20分钟乃至30分钟、40分钟，眼都不眨一下。我的恩师李天骥练一趟88式也不眨一下眼。

练眼也专门有练眼之功，如香火头练眼功、提渣滓练眼功、看太阳练眼功、看月亮练眼功等。日后我再专门谈练眼的功夫，可以让大家把眼睛练得能看夏天中午12点的太阳数分钟乃至更久。

四、鼻子呼吸之功

练太极拳从始至终应呼吸自然。练时配合动作呼和吸，使呼吸慢慢拉长。呼和吸应以耳朵听不见为佳，而且呼吸不能有间断。须知练太极拳不同练早操的二八呼、四八呼，而是要根据动作的难度大小、长短配合呼吸。从起势到收势，都应是起吸落呼、收吸放呼。久而久之，就可使动作和呼吸结合上。再加紧下大功夫，就能达到气与劲合的境地。当然还有更为高深的呼吸功夫，即练着练着太极拳，突然感觉耳旁如打了一声雷，不觉自己有呼吸，这就是胎息。如果经常能达到胎息的境界，长寿是定然无疑的。不过这种呼吸，现在练太极拳的专家教授们、七段八段九段们，恐怕是知者甚少了。要想学会如此境界的呼吸，须找明师虚心求教，或许还能学到。

五、耳之功夫

一般人可能会问，练太极拳与耳朵有什么关系？又不是和人比武，要眼观六路，耳听八方。请听听我讲的耳在太极拳中的作用，可能会有所帮助。前面谈了呼吸是耳朵听不见的呼吸，那么耳朵听什么呢？我认为耳要听蝉鸣。什么是蝉鸣？蝉鸣即我们稍一静，大脑中发出的"而"的声音。只要能排除杂念，神不外散，专注地听蝉鸣，久而久之，刹那间耳边"哗啦"一声，如同雷声，就入静了。此时，只知练拳，不知其他，见如不见。见人如不见，见物如不见，见一切如不见，物我两忘。这就是练太极拳所讲的动中求静的最佳效果。久静而生动，此动不是练太极拳动作的动，而是一点真阳在动，这一点真阳即是生殖器无念而自举的动。所以，要练真正的太极拳，尤其是养生功，不能集体在一起，更不便男男女女在一起练，关键就在于此。这个怕是一万个练太极拳的也没几个懂的，更别说什么太极拳专家教授、七段八段九段们了。

　　真阳一动就得会收，这收气之法，不是得真传者，也绝对不知道。真阳一动，要用小周天收气之法收之。气越收越足，真阳越动越勤、越坚、越硬，直至七个小周天都收不住，即改用无孔笛颠倒两头吹之功。七个无孔笛也收不住、降不了，速开通奇经八脉。八脉开通身属阳，准备下手采小药。当我们练着练着，突然觉得一点真阳要夺关而出，千钧一发之际，要会勒阳关，调外药，调到药产神知，此时要会上下任督接连之法，速用宝剑插之，这叫做宝剑插在三江口，管叫黄河水倒流，风吹之，火化之。采完药后，再行牢牢封固，这种功夫才是张三丰祖师传下来的太极拳功夫。不论杨、吴、陈、孙、武、李，谁懂这种功夫，才算得"下手炼精化气"之真传，得太极拳之真传。

　　不少练太极、形意、八卦的名师都说会"炼精化气"，也可能他们不愿写在书本上，但在我看来，那么多练太极、形意、八卦、武当剑的，也只是会说说名词而已，实际都不会。如果真会，就不会说站着三体式能结丹、站着三体式能采药的外行话，就不会说"炼精化气"的外行话。"炼精化气"前面还得加上两个字，"下手炼精化气"才是行话。上面所说的功夫在公园里练行吗？当着别人练行吗？不行。采药归炉后，还有许多功夫，因为这里重点是讲太极拳，所以我只介绍一下名称，分别有：提渣滓、卯酉周天、歙聚祖气、蜇藏气穴、蒂踵呼吸、点穴固丹、虚室生白、六根震动、大药过关、养育圣胎、出阳神、撒手九年之功等等。这说明太极拳确实属于道家而不属于别的哪门哪派。历代太极祖师可能怕日后有背叛者、不忠者，他们往往不说太极拳是出自道家，而说是出于自己那家那派，所以不传下手炼精化气、转手炼气化神、了手炼神还虚、撒手炼虚合道等功。如果谁说太极拳是他们家创的，就请他把这些功夫一一说清楚。以上我主要讲的是男子练法，至于女子练法，今后有机会再作交待。还有年少有年少的练法，年老有年老的练法，有病有有病的练法，没病有没病的练法，不能概而论之。

六、舌部功夫

练太极拳从预备式开始就要舌尖倒卷，上顶天池穴。舌根部有两个穴位，左为金井，右为石泉。随着动作慢慢运行，舌下两穴会分泌唾液，这唾液行话为"玉液"（静中得来的此液为丹）。唾液不是有了就咽，而是要待整套太极拳练完后唾液满口时再吭吞下咽。会吭吞者，唾液直入任脉，不会吭吞则直入肠胃。入任脉则利阴精，阴精能滋润身体，阳精利于结丹。久而久之能使肾功能强壮，使身体越来越棒。以五行相生而论：肾属水，肾脏无病，肾水足，水可生木；肝在五行中属木，肾无病利于养肝脏，肝属木，木又生火；心在五行中属火，肝气足又利于心，心属火，火又生土；心脏无病又利于脾胃，脾胃在五行中属土，土又生金；在五行中肺属金，脾胃无病又利于肺腑，肺属金，金生水，肺腑无病又利于肾脏。此谓五行相生之理，有相生就有相克，这是辩证的关系。五行相生是顺理，而五行相克呢？如金克木，木克土，土克水，水克火，火克金。以五行相克之理言之：金克木，金在人身内属肺，肺腑无病又能帮助去攻克木肝之病；木在人身之内属肝，肝脏无病又能帮助去攻克土脾胃之病；土在人身内属脾胃，脾胃无病又能帮助去攻克肾水之病；肾属水，肾脏无病又能帮助去攻克心火之病；火在人身内属心，心脏无病又能帮助去攻克金肺之病。如此相生相克，循环往来，何病之有？此五行相生相克之理，就是阴阳辩证之理，此理就是典型的道家文化。它充塞宇宙，充塞大地，充塞人身，充塞万物，也充塞太极、形意、八卦，此理虽简明，然也不是一个对道家文化思想无知的人可理解的。所以，我断定太极、形意、八卦出自道家，不属哪门哪派，要说派就是道家武当派。

七、肩部功夫

练太极拳不论做什么动作，或起或落，肩是一直下沉的。这种沉不是僵硬之沉，而是自然松沉。不会练拳的人，却往往认为沉肩没什么作用。肩为胳膊之根节，肩能松沉，则一般人绝对抬不起你的胳膊来。放人亦然，如果对方身上较沉，那么自己的肩稍微一端，便立即使不上劲。因为肩一端，则使胳膊和周身脱节，和肘腕脱节，所以没有劲力。只有肩一松，使胳膊和全身成为紧锁在一起的整体，和肘腕成为一家，劲力方可好用。先辈把肩称为胳膊之根节，而肘为中节，腕为梢节，可见沉肩在太极拳中的重要地位。练太极拳除下势等个别动作外，不论练多难的动作，两肩始终要在一个水平线上。在推手中，肩靠是很有威力的技击动作。如对方捋我，那正好借对方的捋劲，往对方中部靠去，轻者靠出丈外，重者立即休克，可见沉肩、靠肩威力之大。但如今练太极拳者，尤其是专业运动员和公园晨练者，一万个中也没见一个会沉肩的，这样下去太极拳岂不危险！

八、肘部功夫

练太极拳强调沉肩、坠肘。如果肩松沉了，但肘却微外掀和里瘪，会立即破坏了沉肩的作用，使劲立散。肘为胳膊之中节，中节出了问题，根节和梢节都会受到影响，使劲不能完整。所以不论野马分鬃、搂膝拗步还是其他动作，肘都不能外掀和里扣，就是四角穿梭也不允许掀肘。在推手中，肘的杀伤力太过威猛，所以高手往往不愿用肘去攻击对方。这肘要是顶上，如顶在肋上，就得顶断几根肋骨，轻者也得吐血，故推手比赛严禁用肘。立肘更厉害，就是砸在对方后背上，也会使对方受不了，何况砸在要害之处。如今的专业运动员和公园晨练者，肘部的问题都比较严重，尤其那些不会推手的教太极拳者，根本就不知肘有什么作用。

九、腕部功夫和指尖功夫

练太极拳讲腕坐、指展，这样使肩、肘、腕成为一致的整体。如果肩沉了，肘坠了，腕却不坐，则使胳膊之劲不能成为一家，肩肘之劲也就没有可靠的保障。胳膊作为上身的两扇大门，肩、肘、腕必须成为统一的整体才能运用自如。肩肘腕统一了，指不展劲力也同样发挥不出来，所以指展的问题也不能小看。发人放人，指在最前方，把人发出去没有腕滚不行（如挤之势，腕不滚则不奏效），没有指尖的抖弹劲也不行。指不展从表演上看也缺乏观赏性。太极推手时，指尖应如中医搭脉一样，稍一接触对方，便将对方的劲路、功力大小听得清清楚楚、明明白白。而我们今天的专业运动员和公园晨练者，都是或出手娇无力，或出手不见形。更有甚者，把手搞成唱戏演员的"兰花指"，使人不懂，这手型究竟意味着什么？太极拳的指，同样是太软了不行（无力），太硬了也不行（劲僵），应是可软可硬，也就是软中有硬，硬中有软。

十、臂部功夫

练太极拳处处体现圆运动，先辈武术家谓之"抱元守一"。这个"一"，我在耳部功夫中已作了说明，这里再强调一句，这就是先天一气。先天一气就是无念的真阳。孙禄堂先生说，"太极皮球也，形意拳铁球也"。而今天的许多专业太极拳运动员、专家教授们，别说懂什么"抱元守一"，就是两只胳膊抱圆都做不好。仔细观察他们的动作，哪一个不是瘪瘪楞楞的？孙老先生说太极皮球也，指的可不是没有气的皮球，而是打足气的皮球，处处是圆的，让对方无处下手。如推手时两只胳膊绷得很圆，如同皮球，那对方在哪里下手呢？对方无从下手，没有任何缺陷，这就是抱球应达到的效果。以肩论，肩是圆的，肩下腋内可容一个拳头；以腰论，腰似车轴，处处运用自如；以背论，背是圆的，背如弓则劲无穷；以裆论，提肛、裹裆，裆是圆的；以腿论，后支撑腿（如弓步）是圆的；以手论，虎口是圆的；以起手落手论，起手是圆弧，落手也是圆弧，用行话说就是"起手要轻灵，落手要沉着"。所谓起手轻灵，落手沉着，即练者并没着意用劲，却让行家看来处处有种内含的暗劲。而如今的太极拳专业运动员，起手飘忽忽，落手忽忽飘，手没有准星，没有定向，不知落在什么地方合适，出手娇无力，脚下软绵绵，这能叫上乘功夫的太极拳吗？有相当多的人认为，练太极拳嘛，随便练练，一点劲也不用使。此言谬矣。如果严格按照太极拳的规范去练，不挺胸，不提肚，不撅臀，就是一趟24式练下来，一般人腿也会发抖。常见太极拳参赛者，腰不会动，或者说腰和四肢配合不上，只是耍胳膊耍腿，虽然练得很慢，但也不是太极拳，只能说是长拳慢练，没有太极拳的味道，更没有太极拳的内在之劲。太极味、太极劲比较难练。说软，软中有硬；说硬，硬中有软。软不是软绵绵，硬不是硬梆梆。没有明师指导、言传口授，休想练出太极劲、太极味来。

十一、胸部功夫

　　练太极拳对胸部的要求极严。头顶了，肘坠了，腕坐了，指展了，但胸一挺就又破坏了上面所说的整体。上面所要求的肩、肘、腕都是劲力下沉的要求，而一挺胸，则气往上涌停于胸。太极拳要求周身一家，劲一松到脚。气往上涌，就不可能一松到脚。只有胸微收，气才能下降丹田。胸微收，又能使背撑圆，使气贴于背。太极、形意、八卦都要求收胸，就连西洋拳击，也要求收胸。只有收胸，两肩之劲才能向前、向左、向右放远。而挺着胸，劲力就被胸肢解、阻住，不可能放远。太极拳讲神气收敛入骨，气贴于背，就必须收胸。所以不收胸不仅使劲力受阻，而且气不可能沉于丹田。因此不论男女，练太极拳都必须收胸。那么男的较容易检查胸部收没收，女的怎么检查呢？检查女子收胸否，主要看后背是否撑圆。先辈讲含蓄在胸，又讲胸微收，心窝微收，都是根据道家祖师老子讲"虚其心，实其腹"而来的。因此，我认为，挺胸练太极，就不是太极。谁能收胸，谁才能练对了太极拳。请看我们现在有多少人在练太极拳时能真正做到收胸呢？可惜包括那些专家教授、七段八段九段们，会收胸者绝少。不会收胸，则上身劲力不能一致向下，而受阻于胸，永远练不成周身一家。

十二、腹部功夫

练太极拳，对腹部的要求，讲的是气沉丹田。丹田者，在脐下一寸三。气沉于丹田，表现出来是腹部圆，气充于腹。如果提着肚子，说气沉丹田了，可能吗？提肚，腹是瘪的，瘪的就说明气没沉于丹田，气没沉于丹田，必然上涌于胸，所以提肚、收腹都是练好太极拳的大忌。一个有功夫的太极拳师，气沉于丹田，腹部被人打上几拳、踹上几脚都可以承受。我自己在四十多岁教太极、形意、八卦时，就让不相信的学生在我腹上打几拳踹几脚试试。今后学练太极、形意、八卦者，也可以问问你们的教练、教授、老师，腹上敢不敢让人打几拳踹几脚，没功夫的就不敢让你打、让你踹。太极推手更讲腹部充实，太极推手高手，如郝家俊先生，用腹部打人，比一般人用手的劲力还大得多。往往他向里一带，腹部一弹就能把人击出丈外，腹部放人的威力，比别人用推和挤还强。

十三、腰部功夫

　　腰和腹是连在一起的，为什么要分开谈呢，因为先辈武术家们多谈腰，所以我把腰和腹分开谈，为的是刚才能先着重谈谈腹。练太极拳是腰带动四肢，腰是一身之主宰。先辈们说，腰似车轴。练太极拳时，是腰的左右旋转带动手和脚，腰不动则手臂也几乎没什么动作。太极拳高手由于能合理用腰，故动作常使一般人不觉。须知腰左右旋转，不是左右摆动、左右扭腰。如果是摆动、扭腰就大错特错了。所以说练太极拳是一动无不动、一静无不静。"无不动"体现在腰，"无不静"体现在心、在脑。还是以左野马分鬃为例，左脚迈出着地，脚尖上翘，脚跟着地，两手左右慢慢分开，表面上看是手在动，而实际是腰在向左慢慢旋转。如果腰不动，动作立止。又如云手，表面上看是手在左右运行，而实际是腰在左右旋转，只是在腰转到左右时手腕坐腕翻转了一下而已。如果只是手在运行，腰不会左右旋转，那只能说是初学太极拳。常见比赛场上的太极拳运动员，只是在耍胳膊耍腿，而不会转腰，实际那不是在练太极拳，而是在瞎比划。推手更强调腰的功力。如果和人推手，腰痛推得了吗？腰部没有功夫，不会前后左右旋转，对方推来，接得住吗？因此，我认为，练太极拳不会用腰带动四肢运动，就等于不会练太极拳；练太极推手不会用腰发人、放人，就等于不会推手。可见腰在练太极拳和太极推手中起着多么重要的作用。

十四、臀部功夫

练太极拳对敛臀的要求极严。从人的全身来看，臀部占了相当关键的位置。如果撅臀，就会使全身的劲力在臀部断开，上下不能相合，以至于周身劲力处处脱节。臀部以下的部位大概要占到全身体重60%以上的比重，如果这么大的一部分功力练不出来，用不上，那能算把拳练好了吗？如果撅了臀，周身之功力，被臀肢解，分去了60%以上的比重，那不等于江山损失了60%以上吗？这剩余的40%，也不能相合，其中上身又占了30%，两只胳膊还能占多少呢？10%。那手放在别人身上，还能有用吗？从力学的角度看，臀尖相当于箭头，决定了上身劲力的走向。撅臀则箭头向后向下，劲力也就向后向下，那么对手向后推你，不是恰好帮助对手打你自己吗？内力外力相加，十个有十个就得仰身后倒。相反如果敛住臀，箭头向前，就能使周身劲力上下相合成为整体，那么就能撑住截住对方的推打之力。上面说了，对方如果端肩、挺胸、提肚、撅臀的话，反映到手上的劲就只有10%了，能推动敛臀后周身一体的重量吗？回答是肯定推不动。如果敛臀后周身完整的劲力再反过去攻击对方，加上腹部的弹力，就可以轻松地把对手扔出丈外。前面讲了，从头到腰劲力协调一致向下，臀一敛，则周身之劲能一松到脚，使周身上下的劲都成一家，统一落于两脚，那么放人、发人时周身统一之劲就能通过合理运用，由脚跟传到腿，到臀，到腹，到腰，到胸，到肩，到肘，到腕，到手，上下协调一致，由此周身之劲成为一个完整的体系，这就是臀部收敛的重要性。那么请看参加比赛的专业运动员，个个动作蹲得很低，不知道的以为他们很有功夫，但实际都在撅着屁股，因为收住臀，就蹲不了那么低。那么不会敛臀的是在练太极拳吗？不是，是在练长拳。近日又加上什么高难度，完全背离了太极拳的宗旨，练的根本就不是太极拳。为什么会出现长拳慢练太极拳呢？就是因为那些掌管着各大体育院校、各专业队的专家教授、七段八段九段们，绝大多数是练长拳出身，而长拳的技术要求就是仰脸、挺胸、提肚、撅臀、出手出腿平直。让他们搞太极拳，只能是要求太极拳向长拳看齐。所以现在凡是不按照这种长拳慢练的打法去参加比赛，根本拿不上分。有人为了追求名利，只好放弃原则。也有的根本不知什么是太极拳，只会跟着跑。不敛臀的所谓太极拳，只能得逞一时，早晚众人都会知道练太极拳要头顶、肩沉、肘坠、腕坐、指展、胸含、腹实、臀敛、肛提、功架取中，练起来起手轻灵、落手沉着，刚中寓柔，柔中寓刚，才是太极拳的风格品味。那时练长拳慢练太极的人就无地自容了。我坚信有这么一天，而且这一天不会很遥远。

十五、腿部功夫

前面已经谈了桩，这里讲腿，主要是讲讲弓步的腿功。前面说了撅臀的问题，由于臀敛不住，反映到弓步上就是拔腰。所以如今专业太极拳运动员几乎百分之百都拔腰，公园晨练者就更不用说了。太极拳的弓步要求是：敛住臀，后腿形成自然的活弯儿，而后膝尽量向外撑，膝和后脚尖成一条线，前弓膝不过脚尖。只有达到这个要求才是太极拳的弓步，否则就不是太极拳的弓步。

十六、脚部功夫

练新杨式太极拳，对脚也有极严格的要求。以88式为主的体委系统太极拳，包括24式、32式、48式、42式、66式等等，都是新杨式的太极拳。而新杨式和老杨式在脚的要求上有严格的区别。新杨式向前迈步是脚跟先着地，随着重心的前移，两手和前脚三家一齐到位；而老杨式是迈步落平脚。新杨式向前迈步是欲进先退，重心后移，前脚尖翘起，脚跟着地，随着身体的向前运行，前脚外摆约45°落地，而后上后脚；老杨式是原地转动重心，而后上步。新杨式分脚、蹬脚，是直接提腿分出或蹬出；老杨式是划弧线分出或蹬出。新杨式无论向前迈步、向后撤步都不允许抬高脚，而是脚经踝关节前进、后撤。新中国成立后国家体委主编的套路，凡属杨式，均以新架为主。而今天的参赛运动员根本分不出新架、老架的区别，而是想新就新，想老就老，没有定向。

十七、镜子

镜子，是我的恩师李天骥在上世纪50年代末教我们练简化太极拳时，教给我的检查自己或别人太极拳动作正确与否的一面镜子（地点：劳动人民文化宫体育场）。这面镜子的作用是将自己的太极拳动作，别人的太极拳动作，时时刻刻用它来照一照，以免出偏，不论谁练太极拳用这面镜子一照立刻现原形。这面镜子是什么呢？就是还原法。还原法就是不加丝毫调整地把动作还原，此还原法除下势和海底针等个别动作可以略有前倾外，其他任何动作都是不加丝毫调整地还原。例如起势，如动作前俯了，那不加丝毫调整地还原，立即现出动作前倾的丑态；如起势后仰了，就立即现出后仰、挺肚、挺胸的丑态；如起势一肩高一肩低，就立即现出一肩高一肩低的丑态；如起势撅臀了，就立即现出撅屁股练拳的丑态。今天，我把这面镜子说给大家，你们用这面镜子照我，照你自己，照你的老师，照专业太极拳运动员、教练员、照专家、教授，七段八段九段权威。如果谁一还原就丑态百出，他就是伪专家、伪权威。今天先简谈至此，今后，我还会发表文章，详论这面镜子的作用，我要让那些伪专家、伪教授、伪教练、伪太极拳运动员，在这面镜子中现出伪太极拳之原形。

十八、综述

我今天比较系统地介绍了杨式新架太极拳的规矩。还根据个人练拳58年的体会，分析了太极拳对头、眼、耳、鼻、舌、肩、肘、腕、指、胸、腹、臀、腿、脚等部位的要求，参考了太极拳和道家功的书籍，提出太极拳出于道家，属于道家，而不属于别的哪家哪派。太极拳只有一派，那就是道家武当派。以前各种书籍对张三丰祖师以前的师承都说不清楚，我根据手上的资料总结清楚了张三丰祖师的师承，并在我写的《张三丰创太极拳之考证》一文中，较深入地介绍了张三丰祖师，此处不再重复。我引用恩师的话，大声疾呼"你们毁了我的太极拳"，指的就是以新杨式为主的国家体委系统的太极拳。新杨式的楷模，先是恩师的父亲李玉琳，新中国成立后则是我的恩师李天骥。

目前国内外的太极拳热，就像当年的气功热一样，给了不少投机商钻空子、卖假药的机会。我赞成全民健身，但我不赞成下里巴人式的太极拳。既然是练太极拳，就起码应懂得并做到头顶、肩沉、肘坠、腕坐、指展、胸含、腹实、臀敛、腰松这些最基本的规矩，否则即使只为健身，效果也会大打折扣。我更反对以伪太极当真太极堂而皇之地兜售，明明是长拳慢练，却硬说是太极拳。我写《你们毁了我的太极拳》及其续篇，就是针对伪太极拳去的，这就是我的目的。

先辈太极拳家们一再提醒我们，练太极拳是"差之毫厘，谬之千里"。仰脸、端肩、掀肘、直腕、指无形、挺胸、提肚、撅臀、拔腰的伪太极，与头顶、肩沉、肘坠、腕坐、指展、胸含、腹实、臀敛、腰松的真太极拳，何止是差之毫厘，而是根本没有丝毫共同之处，所以谬之也不止千里，而是天壤之别。这种太极拳即使全国都在练，全世界都在练，有一个不练的，那就是我。如果这种情况不改，我就继续大声疾呼、予以抨击，直至伪太极真正为世人识破，彻底失去市场。

2005年8月于北京

简谈太极推手技术要领

吾友北京大学武术教授李士信老师,请我来谈谈太极推手的问题。首先感谢李士信老师对我的信任,怎奈本人也没完全学好太极拳及其推手技术,更谈不出较深刻的理论和实践,只能介绍一点自己学太极推手的浅见陋识。若有不妥之处,敬请诸位专家、高手海涵。

一、我对太极推手的看法

我认为,太极推手是中华武术文化遗产,是中华武术之瑰宝,是前辈武术家给我们留传下来的一门特殊的上乘技击技术。太极推手的技术价值,在国内应该高于一切技击技术,应该比日本的相扑技术还要高深得多、精微巧妙得多。太极推手,实际上就是两个人互相逼着对方练架子,是一项比练太极拳更有趣味的武术运动,是太极拳技击的最高境界。比这个阶段更可贵的,则是太极推手能养生延寿,太极推手锻炼身体的价值,比光练太极拳而不学推手要高得多。

经常练习太极推手,不仅能锻炼身体增强素质,而且在危难时还能抗暴御敌,打起那些不懂推手技击、不懂武术技击的歹人来,如同儿戏一般。可以说,太极推手是一项最高雅的技击技术,它不必把对手打得鼻青脸肿,也不会使对方受重伤或骨折身残,就能把对手制服。我这么说,不是说太极推手不具备杀伤性,如若面对歹人非要和你拼命,那么太极推手不但可以伤人,也可出手见红,也可令对手立即骨断筋折。

太极推手是纯中华民族的文化，是我们每一位武术爱好者、武术工作者应该大力继承发扬的中华民族文化。我不反对西方的好东西，西方好的我们要学，我也要学，但我反对用西方的文化来诋毁我们自己的文化。我希望有这么一天，拿了太极推手的冠军，像日本人拿了相扑冠军一样荣耀，它的价值应该不亚于奥运会冠军。请大家看看奥运会项目中有哪些项目是我们中华民族的，可能一项也没有，全是人家的东西。只有中国武术才是我们民族的文化，但中国武术进入奥运的希望不知能否实现。但即便中国武术进不了奥运会，我们也照样练，照样继承发扬光大。

二、练好太极推手的基本条件

练好太极推手的基本条件，首先是练好太极拳。练好太极拳，首先要克服挺胸、提肚、努气、撅臀、拙力这五大弊病。要做到头顶、肩沉、肘坠、腕坐、指展、胸含、背圆、腰松、腹实（气沉丹田）、臀敛、肛提、裆圆，周身一松到脚，两脚十趾抓地，两腿支撑八面，凝神聚气、气定神闲等要领。练推手也同样是这些要领，就是通过练太极拳，把劲练整、练合，练成周身一家，再去学太极推手。在太极推手中，再像练太极拳一样把劲练整、练合，周身练成一家，就比不练太极拳、没把劲练整练合，就开始练太极推手容易多了。我这么说，不是说不练太极拳就不能学太极推手，而是说练好了拳再学太极推手容易进阶，就像学88式必须先学好24式，如果24式练好了，88式就容易掌握，如果24式练不好，88式则好不了。

现在有些人歪曲太极拳，认为太极拳是老头老太太练的，是病秧子练的，与年轻人无关，甚至有些人把太极拳和武术分了家。应该说，这是只普及没有提高所造成的恶果。也难怪，想提高的找谁去？大家都在那挺着胸、撅着臀、蹲着练，把太极拳庸俗化、大众化了，想提高也提不上去了。太极拳是一种高雅的武术运动，是上乘的中国武术功夫，不论男女、不论老少都可以练。我自己12岁就跟北京南城京津著名的大武术家铁胳膊杨四——杨凤翔恩师学太极拳，一趟杨班侯式的大架子太极拳，我整整学了一年。一次，我在陶然亭公园练太极拳，被一位行家发现了，他问我跟谁学的，我回答跟杨四大爷学的，这位行家说杨四不是你这种练法，我挨了一通批，后来才知道，批评我的这位内行不是外人，他是杨老师的师兄栗五师伯。如今公园里真会练太极拳的确实凤毛麟角了，绝大多数成群结伙在那练的只是锻炼一下身体而已，离真正的太极拳，别说得太高，就是24式太极拳，也差着十万八千里。

99.9%的人和我40岁前的想法雷同。我那时想，简化太极拳学会了，再学88式太极拳就有功夫了，套路会得越多越有功夫。十年浩劫后，我重新跟李天骥恩师学太极拳，恩师让我全扔掉，不管以前跟别人学的还是跟他学的，统统扔掉，从零开始，重新学习，我才明白原来所学的是一堆废物，一招也不对。真正的太极拳要从站桩开始，这太极拳和写毛笔字一样，一招一式处处合乎法度，处处有说道。别说练一趟88式，就是一趟24式练下来，一般人两腿就得发抖。我的恩师打88式一正一反，练完后，两腿累得站不起来，这才叫练武术，练太极拳。现在可好，在公园练了好几个钟头都没事，这能叫练吗？只能叫玩了几个钟头。在苦练太极拳的基础上，再学太极推手，那就像郝为真先生教孙禄堂先生那样，学了数月太极拳胜过别人学数十年，原因是孙禄堂先生已在形意拳和八卦掌上下过大功夫，所以学太极拳、太极推手较容易。这就是我讲的，练好太极拳是练太极推手的基本条件。

三、我个人学练太极推手的体会

我认为练好太极推手的要点是:桩功扎实、两臂松沉、全身处处有反应、摸得要准、掌握时间速度、爆发力。下面我逐个谈一谈。

(一) 桩功要扎实

这是太极推手头等重要的大事,不论练什么武术,只要没有桩功,肯定是一辈子白练,练南拳所讲的"扎马"即是站桩,更何况太极、形意、八卦。老一辈太极拳家陈炎林先生讲,练太极拳不站桩,就等于建筑在沙滩上的楼房,禁不住风吹。我的恩师教我练拳,就是从桩功练起。从前,我练了22年也不懂桩功怎样才能练出来。后来,在恩师指导下我苦练桩功数年,才基本达到恩师的要求。太极推手是和别人比武,一用劲自己站不住,什么招也用不上。应该是站在那一般人推不动、拉不动、抬不起自己的两只胳膊来,这时和别人推手心里才有底,所以学练太极推手没有扎实的桩功是绝对不行的。行家里手均知,太极拳每个动作都是桩,那么多桩,从哪站起呢?我认为应从无极桩(即起势)、开合马步桩、手挥琵琶桩、提手上势桩站起。当然,这些桩功需在明师指导之下,方能奏效,没有明白老师指导,这几个桩是很难站对的。

(二) 两臂要松沉

桩功问题解决了,再解决两只胳膊松沉的问题。松沉不是僵硬,而是两只胳膊和周身的协调一致,胳膊的协调包括肩沉、肘坠、腕坐、指展。在明师指导下做对了,胳膊自然沉如钢铁半吨,再配合上胸含、背圆、腰松、腹实(气沉丹田)、臀敛、肛提、裆圆,这样一来,上身整体力量均达于腿,腿部一松,膝部支撑,周身之劲一松到脚,两脚再十趾抓地,脚跟前蹬,如我们北方盖房用的巴居子，南方人称马丁，这样周身一家，两只胳膊自然松沉，一般人根本抬不起你的胳膊来。恩师的父亲李玉琳前辈和别人推手，所遇对手没有一人能抬起他的胳膊来，因此人送绰号"铁臂苍猿"。平时练太极拳，要起手轻、落手重，处处合乎规范，时间长了自然两只胳膊松沉，如果起手落手都僵直，硬梆梆，或者起手飘乎乎，落手也飘乎乎，这样练一辈子两只胳膊也松沉不了。在久练太极拳下过大功夫的行家身上，手上都有一种内在的劲力，这种劲力就是沉而不僵，轻而不浮，软而不散，柔中寓刚，刚中带柔，这种内在的劲力，无明师指导绝对学不到，自己练一辈子也练不出来。

（三）身上处处有反应

解决了桩功和两臂松沉问题，第三个要点，是身上处处有反应。讲白了就是有问有答，对手不论触摸手上哪一部位，都有问有答，问五十答五十，问一百答一百。不能多给，问五十给六十不行，问一百给一百二十不行；相反给少了也不行，问五十给三十，问一百给七十都不成，要恰到好处。练这种功夫，需要在明师指导下多推，和不同的人推，多推不是乱推，而是在四正手上下大功夫，从粘黏劲入手，老师给喂劲，然后练得会听劲，会懂劲，会走劲，会化劲，会发劲，逐级上升。如果不是这样学，一上来就扛胳膊，练一辈子也只是死劲而已，手上身上越练越聋，没有反应白下功夫。所以，老一辈武术家留下名言"进门领路需口授，功夫无息法自修"。

（四）摸得要准

前面讲的，把桩功、两臂、身上问题都解决了。和人推手时不能主观，要客观，也就是要根据对方的来劲而定，讲白话就是要摸得准。对方吃横那就给横；对方吃直那就给直，这叫客观。如果对方吃横你给直，或对方吃直你给横，那就不客观，就是摸不准的问题。摸准了,就知对方吃什么劲,才叫客观。如同中医搭脉,一搭便知你身上哪里有病,有什么病,怎么治,推手也是如此。常见不会推手的朋友和会推的推手,他不问青红皂白,一个劲地瞎撞,结果吃了大亏。练摸准也得老师带才行,老师不懂瞎带也不行。老师要告诉学生你这手摸得对不对,否则练一辈子也摸不准,犯主观,老挨打。

(五)掌握时间速度

桩功、两臂、身上和摸准的问题都解决了,还要掌握时间速度。打早了不行,打晚了也不行,要严丝合缝,不老不嫩,打个正着。养生功讲火候,推手也讲火候,行话叫对手旧劲已尽、新劲未发之时为正好。常常在推手中抓不住机会,如眼看着补一手对手就倒了,而这一手却怎么也补不上,良机错过再找就难了。我们想要动对方可能用了一百斤,对方动了,再补上十五斤就行,可就是补不上,这就需要在补手上下大功夫。我自己是练了多年,才基本达到恩师的标准。例如,常见双方推手时都是向前推的劲,两人有时成了"人"字形,此时如果有一方清醒,在顶推中首先向下、向后一採对方,对方准扑空,但谁也不敢松,这就是掌握不住时间差。就如对方跑百米在最后冲刺的一刻,在背后轻轻击打一下,他就倒了,或者前面没有任何阻力,他自己就扑空倒地。往往是对方要倒了,我们给了对手一个拐杖,生怕人家倒了,这都属于掌握不住时间速度的问题,这就要多想多练,抓住时机一丝不放,由开始的抓不住,到能抓住,再到抓住不放,就算掌握了时间速度。

(六)爆发力

即使前面五个问题都解决了,桩功也好,两手也很沉,身上也处处有反应,时间速度也掌握了,打到对手身上还是不能奏效,这是欠爆发力之弊。打篮球,三步上篮,讲最后一步的爆发力，踢足球讲临门一脚的爆发力，太极推手同样讲爆发力。常常发现对方出现明显错误而力不从心，不能奏效，这就需要在爆发力上单操，如前推不得力，在前推上单操，如挤不得力，则在挤上单操，总之哪里不得力就在哪里单操，直练至得力了罢手，这爆发力的问题就算解决了。解决了这几大条，太极推手就算基本达到标准了。要再想有所提高，那就要再求高人点化才成。

2005年1月1日于中国天马大厦

金不换的三体式和劈拳

——忆李天骥恩师授我形意拳

1975年，我重新跟李天骥老师学拳。为此，李老师又考验我一年半。每次到老师家，均不谈练拳的事，只谈家常：搞什么工作？吃什么饭？孩子上学了吗？闭口不提学拳教拳的茬儿。1976年，唐山大地震期间，我不放心老师，登门探望。只见他老人家和师娘住在一个临时搭建的小帐篷里，简易帐篷建在国家体委大院西大门外的自行车道、人行道上。见此光景，我心里忒不是滋味儿。

当年，老师夫妇受迫害，都曾下放到山西长治体委五七农场劳动。老师因劳动出汗而患了感冒，而后发烧咳嗽，又传染给师娘，老两口一块患病。老师去找赤脚医生拿药，赤脚医生说："你是武术家，还得病？"老师一听，就不拿药了，扭头就走，回去硬扛着，老两口由咳嗽变为急性气管炎，由急性气管炎变为慢性气管炎，由慢性气管炎变为肺气肿，从此落下了后遗症。后来，日本法务相古井喜实访华，向周恩来总理提出要看看李天骥老师。周总理给国家体委打电话："日本朋友古井喜实先生是李天骥同志的太极拳学生，他提出要见李天骥同志，希望天骥同志百忙中来见见古井喜实先生。"国家体委接到电话后，连忙打电报让李天骥老师速回北京。老师接到电报后当晚买火车票和师母一块返回北京，到北京后立即联系和古井喜实见面。古井喜实先生见到面容憔悴的老师，便说："我知道老师在受难，我借国事访问为由，实际我是专门看望老师来的。"老师对古井喜实之举非常欣慰。古井喜实返回日本后，老师没再回农场劳动。不料想一年后又赶上了唐山大地震。

那天我去看老师时，恰巧广东省武术教练陈昌棉也来了。几天后，我跟老师商量搭个防震棚，老师说："搭个防震棚是好，但没有劳动力，我和老伴，老的老、病的病，哪有这个力量。"我说我是单位抗震办公室的，我再找几个人，德陆负责找个汽车到龙潭湖去拉土。商量妥当后，记得是星期三，我带上王绥生、包志刚、王崇伦，老师家有汉杰大哥（师娘的侄子）、刘庆洲同学和李德陆，用了一天的时间，搭了一个规规矩矩的防震棚，老师看了后非常高兴，爬到防震棚顶上一站说："让他们看看，马王爷三只眼，我李天骥的防震棚，比体委主任王猛的还好。"

此后，老师对我的态度发生了转变。一天，老师问我："老牛，你是真想学拳还是假想学拳？"我说："真想学拳。"老师说，"好！但你要把过去22年所学的东西全扔掉，从零开始。你愿意吗？"我说行。我心里想："过去有和杨老师学的，有跟您在劳动人民文化宫学的，是不是全扔掉？"老师好像看出了我的心思，说："不管跟谁学的，全扔掉，万里长征，从零开始。你过去学的那些只是锻炼锻炼身体而已，与武术无关。这次从头来，孙老先生（孙禄堂）怎么教我的，我就怎么教你。"我说行。老师又问："你有什么目标？想达到什么水平？"我说："跟某某某、某某某、某某某（当时的三位北京太极拳名家）他们差不多就行了。"老师说："跟我学，就别拿他们当标尺，达到他们仨的水平，在公园学学就行了。跟我学要向全国最好的看齐，全国谁的形意拳好，跟他比；谁的八卦掌好，跟他比；谁的太极拳好，跟他比。"我说："那当然好，但我已经37岁了，还练得出来吗？"老师说："要达到十成、十二成的功夫是达不到了，达到七八成还是没问题的。河北形意拳的创始人李老能，是37岁练形意拳；

我父亲（指李玉琳先生）是37岁又拜孙禄堂为师；李镜斋60岁学练形意拳，70岁学乃大成。"

　　此后，我根据老师的要求每天抓一千把，最少八百把劈拳。不管刮风下雨下雪，不管有多忙的事，我也得完成这一千、八百的劈拳任务。我除了抓劈拳，几乎没有任何爱好，我过去下了班爱打乒乓球、篮球，也从此和乒乓球、篮球绝了缘。练得我皮包骨，瘦得可怜，我身高1.74米，体重只有56公斤。不少人担心我把身体练坏了、累坏了，营养又跟不上。我带着这些问题去问老师，老师说："我（指他自己）在山东国术馆，每天早晨起来，跑步到坟地里去练拳，天天要抓几百把劈拳。要是冬天，都练得扒光膀子（赤膊）。"我说："我这么苦练，觉得营养跟不上。"老师说："你现在吃的是大米、白面，孙禄堂当年吃的是棒子面（玉米面）贴饼子，一块老腌咸菜，一碗白开水，有什么营养，比起你现在吃的是天差地别，哪有什么营养跟不上。"我觉得老师说得有理，就又开始苦练。

　　一次，我去老师家，和几个同学抽烟聊天。老师说："老牛啊，你是抽烟来了，还是练拳来了？"从此至今几十年，我没再抽过一支烟。我自己曾戒了四次，都没戒成，老师这一句话，让我戒掉了抽烟。每次去老师家，大家抽烟聊天，我去阳台练劈拳。还有一次，李天池师伯和张继修老师在天坛，他们聊天，我练五行拳，练完五行拳，又练蹚泥步。天池师伯对张继修老师说："老牛这个练劲，非成功不可。"我已到了抓劈拳、站三体式如痴如醉的地步。孩子晚上没回家，我出去找，没找到，第二天早晨，我照练劈拳不误。练拳练得把手表弄丢了，第二天照样练拳。如此，一气练了6年，我终于把劈拳之劲练整。慢慢进入形意拳的殿堂，我也就悟出三体式、劈拳之重要。老师说："三体式、劈拳是金不换，你有一千套、一万套也换不走我这一套。"

可是我见不少人，都和我几十年前的想法一样，认为套路会得越多越有功夫。结果是学了一套又一套，最后是狗熊掰棒子，一套也不会。会那么多套，也没练出抓劈拳、站三体式的功夫来。6年三体式、劈拳，练得一般人抬不起我的胳膊来，拉不动我的三体式，推不动我的三体式。我才真正理解，"你有千套万套，换不走我这一套"的道理，我才明白，"三体式、劈拳是金不换"的道理。

当然，这个三体式、劈拳也分谁来教，不是哪位形意拳老师都能做到的事情。标尺是，三体式一站，推不动、拉不动、抬不起胳膊来，就算基本合格了。如果能做到五行拳都能像三体式那样的功夫，就够一个当他人老师的资格了。没有我说的这个水平，您千万别跟他学，以免练了几十年都练不出功夫来，和我前22年一样，只是锻炼了一下身体，和武术二字扯不上关系。这就是老师让我把过去所学全扔掉，所换来的金子一样贵重的功夫。也证明我过去所学的那么多套路，都不如这一套，这就是"你有千套万套也换不走我这一套（三体式和劈拳）"的道理。

2006 年 4 月于北京

论郭云深无敌崩拳

2006年，在北京市形意拳会换届选举新领导班子的大会上，北京市武术协会常务副主席吴彬同志问："郭云深为什么一个崩拳打遍天下？是功夫问题，还是技术问题？"

就吴彬同志的问题，我作了思考，从以下几个方面来探讨郭云深先师的无敌崩拳。

一、苦练三七步独创桩功

众所周知，形意拳以三体式为基本，而郭云深先师把前人的五五步双重三体式改为三七步单重三体式。至今除了孙禄堂老先生传下来的孙式三体式是这种三七步单重三体式外，其他仍多为五五步双重三体式。就算孙门之中得三七步单重三体式之真传者也不多见，真正能达到一个三体式站在那，一般人推不动、拉不动、抬不起他的胳膊来的人则更少。在我接触过的许多练形意拳的朋友中，我尚未发现功夫有如我两位恩师者。恩师骨瘦如柴，1.7米的个儿，120斤的体重，但要想抬起他的胳膊来是不可能的。他一个三体式站在那，就休想推动他、拉动他。我另一位恩师"铁胳膊杨四"杨凤翔也是这种功夫。郭云深先师是三七步单重三体式的创始人，更是有这种过硬的功夫。试想，人家一个三体式站在那，你推不动人家，拉不动人家，抬不起人家的胳膊来，你拿什么去和人家动手？郭云深先师一个三体式站在那，五六个小伙子各持一棍用力杵在他的腹部，他丹田一沉，腹部一弹，能把五六个小伙子弹出丈外。

对于这个说法，我过去是不信的，通过跟恩师学艺后，才相信这是真的。为什么？就是形意拳的功夫和爆发力使我折服了，形意拳的桩功使我折服了。我才肯死心塌地，一个劈拳抓了6年，每天少则抓八百把，多则抓一千把。通过苦练，我虽然不及两位恩师，但也学有二三成。

我用此法培养学生，在一年半的时间内教他们站三体式、练太极推手，而且是一周两次，他们不论在北京还是在全国太极推手比赛中都取得了优异的成绩，其功就在郭云深先师的单重三体式上。有几个出色的学生，就是两个人也休想拉动他分毫，北京推手界一提有我的几个有功夫的学生在，其他人就不报名参加推手比赛了。我的学生尚且如此，更何况郭云深先师，他的功力怕是大出我们几倍。所以我相信，他的三体式比我们后生要厉害几倍。因此，我告诉大家，有功夫的形意拳家站对了三体式，应该是一般人推不动、拉不动、抬不起他的胳膊来，才算这位老师真有形意拳的桩功，若连这个基本桩功都没有，别的都谈不上。

我又用此法传给我的儿孙，结果我的长孙牛天赐一个三体式站在那，我的儿子和我的学生照样也推不动这个十五六岁的娃娃。我长孙体重九十多公斤，一般没下过功夫的学生，到我长孙手上一掌即倒。连十五六岁的娃娃尚且能做到一个三体式站在那一般人推不动他，拉不动他，抬不起他的胳膊来，更何况身经百战的郭云深先师？以上说明郭云深先师是三七步单重三体式的创始人（请看姜容樵先生所著《形意母拳》一书，其中的"钻拳论"提到此事），郭云深先师的三体式桩功肯定是超出我等几倍的厉害，可以说首先是桩功过硬。

二、苦练过硬无敌崩拳

我恩师跟我讲过郭云深先师的崩拳，是苦练而成。我曾多次去深州了解情况，当地形意拳界的朋友也说，郭先师的家马庄离深州有一公里，他打着崩拳来赶集。这个半步崩拳打对了，初学者无论是多棒的小伙子，也打不了20下准坐在地下，而郭先师打着崩拳由马庄到深州去赶集市，说明郭先师的腿部劲力之足、耐力之久，是一般人不能相比的。

上世纪80年代中，我在北京东城武术馆教形意拳，当时我这个班有六十多人。那是个冬天，别的班都跑到屋里去了，只有我这一个班占领足球场。我教学生练崩拳，其中我的一个学生马顺利，打了不到半个足球场，就累得倒在地上，而其他人都打了足球场的一个来回。大家都笑他是孬种，只有我表扬他。我说："他打对了，你们都没打对，打对了，二三十个崩拳就累趴了，你们打了一个来回，说明不对。"大家才明此理。我见另一班的一位学生，围着足球场打了几圈也不见有累的模样，说明根本就没练对。以上我讲的是腿力足而持久的功夫，下面我再谈谈崩拳的功夫。

我的恩师李公天骥教我练崩拳时，让我拉住他的后胳膊，他一个崩拳把我带出一个跟跄。我按此法教学生，结果我的学生张维忠打崩拳，一般人绝对拉不动；我又用此法教儿孙，我的长孙牛天赐打崩拳，后头有人拉他的胳膊，他准能把拉他的人带出去。有一次我在深州，见一个小伙子打崩拳，我把手放在他后胳膊上，他竟动不了分毫。我让他拉我的后胳膊，我把他带出很远。我问他你的师父是谁，他说是×××，这位老师写了许多形意拳的书，我说你回去用我这个方法去拉你师父试试，他说不用拉，他根本就没有这种功夫。试问，连这种最基本的功夫都不懂，您写什么书，还不是天下文章一大抄吗？没有自己的体会，写书也是骗人。凡是练形意拳的，都去拉拉你师父的后胳膊，拉不动、把你带出去，说明你师父有功夫；你拉你师父，师父动不了，说明他没功夫。我相信郭先师一个崩拳打出去，怕是两三个人都拉不住。如果按一个人120斤算，三个人是360斤，我听恩师说，郭先师一个崩拳出去是八百多斤的力量，相当于七个120斤的人拉不动他的胳膊，再加上时间、速度，郭先师这一个崩拳打出去约有千斤之力。试想哪位大师能禁住他这一个崩拳。何况，郭先师的拳头用螺旋劲打人，拳头如同一个钻头，一拳打去，只要打中目标，就得骨断筋折或口吐鲜血。

三、苦练惊人形意爆发力

我的恩师李公讲，练拳不论太极、形意、八卦，都有不宣之秘，即"宁授十手，不授一口"。而这形意拳、三体式、劈拳、崩拳都有不宣之秘，打沙袋更是如此。形意拳的打沙袋和现代散打、拳击打的沙袋不同，形意拳的沙袋最轻者要三百斤，最重者要一千二百斤。怎么打？我只能讲用形意拳的劲去打，其他，暂不透露。郭先师能打少则八百斤、多则一千斤的沙袋，那他的一个崩拳打出去，其惊人力道，就可想而知了。

四、苦练非凡实战经验与胆识

郭先师生前专找各类名家、硬手比武。郭先师一个崩拳，打遍南北七省未遇对手，说明他身经百战，敢于碰硬，勇于和不同的对手过招，具有极其丰富的实战经验，又有过人的功夫和胆识，所以百战百胜。郭先师所具备的功夫和实战经验打人的技术，都是我们后人无法相比的。如他打李魁元，李魁元擅用脚踢人，据说能踢断碗口粗的木桩。而当李魁元和郭先师比武时，刚要起脚，郭先师手已到他身上，只觉郭先师轻轻一划，李魁元就腾空摔出丈外。李魁元当即纳头拜师。如当年某寺僧上门挑战郭先师时，僧力大无穷，把磨盘从门外搬到门内院中而面不改色，僧让郭先师把磨盘再从院内搬到门外。郭先师说：不用不用，我打两拳你若不吐血，我就认输。结果是两拳就让僧人口吐鲜血，跪地拜师。郭先师曾因公误杀恶霸而坐牢，在牢中天天练虎扑撞墙。3年后刑满释放，县太爷钱锡彩请他吃饭。席间，钱问郭先师3年牢狱之苦，功夫退了没有，郭先师说没退。县太爷请他展示一下，郭先师站起身来，到院中一走，见院内有影壁墙一面，便说："我可以在影壁墙上试试功夫吗？"县太爷说："可以，可以。"郭先师一个虎扑撞在影壁墙上，只觉影壁墙忽而一动，便又一加力，影壁墙应声哗啦倒地。县太爷拉着儿子钱砚堂当场拜师。试想郭先师有如此功夫，哪位武术家能禁得住他这一下呢？又如，郭先师听说北京董海川功夫过人，便赶到北京，找同乡程廷华介绍与董先师比武。程廷华不肯，推辞再三，郭先师急了，一个崩拳直奔程廷华打去，程急忙躲闪，郭一拳打在门框上，门框立断。试问，谁有郭先师这样的功夫？

因此，我认为，郭先师一个崩拳打遍天下无敌手的原因是：有过人的桩功，有过人的崩拳爆发力，有过人的实战经验，以及过人的胆识。得到神拳李老能的真传，造就了一代武林巨擘。

2006年5月于北京

李天骥恩师授我八卦掌

我的恩师李天骥,精太极拳、形意拳、八卦掌、武当剑术。恩师八卦掌先学于其父亲——著名武术家李玉琳,后又经李存义、张兆东、孙禄堂、程有功等多位先生指点,加上自己研究多年,其掌式、劲力非一般练八卦掌的可比。老师曾跟我多次讲起在中南海表演八卦掌的事。当年去中南海表演的武术家中有5位会八卦掌的,为了表演给毛主席、朱委员长、刘主席、周总理看,先是每人在大家面前练一遍,大家练完了都推李天骥去中南海表演。由此可见恩师李天骥的八卦掌非同一般。

我跟恩师学八卦掌是在这种情况下开始的,正值我练了4年形意拳之际,同学们提出让老师教八卦掌。我当时是老师指定的家庭班班长。同学们让我去讲,我不敢讲,但是我们的议论老师听见了,说老牛你们议论什么啦?我走到里屋说,大家都想学八卦掌。老师说:"是你想学八卦掌吧,形意拳还没练好就要学八卦掌?叫他们都进来。"十几位同学都走进里屋,老师对大家讲:"想学八卦掌必须先练好蹚泥步,先练直蹚泥步,练得蹚步平稳了再练走圈蹚泥步;然后学练站八卦掌桩,而后再学练掌。"老师示范直步蹚给我们看,然后大家一个个学着老师的样子练习。此后我除每天抓劈拳外就练蹚泥步,一有空就蹚步,由开始走蹚步走得摇摇晃晃,练到能保持身体平稳,由开始蹚不出去步,练到蹚得出去而又稳健,一气坚持了一年半。

一次,家庭班同学都到齐了,大家七嘴八舌地又议论起学八卦掌的事,大家提出老师说教八卦掌,一年多过去了,一掌也没教，老牛你再去问问。我说，我不敢去，上次老师就把我批评了一顿，说我形意拳还没练好又要学八卦掌。大家说你不去谁去？你是班长。老师在屋里听见了，喊我说："老牛你们又议论什么事啊？"我走进里屋说："大家说让您教八卦掌。"老师说："不是教了吗？让他们全进来。"我向大家说老师让都到里屋。大家进里屋后，老师说："把上次我教的直步蹚步每人练一遍我看。"大家便挨个练给老师看。练的和开始老师教的那次一样，出步不稳，歪歪扭扭。我最后一个练，因为我已练了一年半，所以走得比大家好些。老师看完后说："你们练了一年半蹚步还是歪歪扭扭，看来没下功夫，一年半只练了两次，我教的那天一次，今天是第二次，我看老牛蹚得还可以，八卦掌就教老牛了。老牛练好了，再去教你们。"大家听后虽然很失望，但是也没话说。

此后，我正式开始学练八卦掌，这已是1979年的事情了。我每天既练形意拳又练八卦掌。老师每次在家看完我练后，就说先这么练吧，我也没气力给你比划。老师当时患肺气肿，总是哮喘，带着病教我练八卦掌。我学了单换掌、双换掌、顺式掌、背身掌四大掌，每天早晨练、晚上练，到老师家练给老师看，一气练了4年。有一天，老师看我在屋里练完八卦掌后说："老牛啊，你的八卦掌还得从头来。"我听后心中吃了一惊，练了4年八卦掌了，还要从头来，那还要再练多少年哪？八卦掌究竟练到什么份上才算成啊？心里是这么想，嘴上不敢讲，老师说从头来，那就从头来。老师又给我从第一掌讲起，第一掌应注意哪些要领，什么叫缩身长手，什么叫起钻落翻。初学八卦掌应注意：一努气，二拙力，三挺胸，四撅臀。八卦掌有九大要领：一要塌，二要扣，三要提，四要顶，五要裹，六要松，七要垂，八要缩，九要起钻落翻。一要塌，是指腰下塌，而尾闾要上提；二要扣，是指两肩要扣，开胸顺气，使气下沉丹田；三要提，是指谷道内提

（肛门）；四要顶，是指舌尖上顶、头顶、手顶；五要裹，是指两肘里裹；六要松，是指两肩要松；七要垂，是指两肘极力下垂；八要缩，是指两肩根、两胯根里缩；九要起钻落翻，是指起手钻、落手翻。在恩师的精心指导下，我又苦练一年，这时同学们再看我练，已是掌式脱俗、与众不同了，好像是换了一个人似的。

在一个星期天的晚上，我们十几位同学全到了，老师对大家讲："让你们练形意拳你们不练，让你们练八卦掌你们不练，现在形意拳、八卦掌归老牛了。"在恩师的关爱下，我苦练5年八卦掌，才算得到老师的认可。

1983年的北京市武术选拔赛上，表演八卦掌的有六七位，当我练完八卦掌后，一位老拳师问我："这位同志，你的八卦掌跟谁学的？"我说："没练好，您多提意见。"他说："你的八卦掌很纯正，没杂质，不是一般人教的。"我说："是李天骥老师教给我的。"他说："李天骥的八卦掌是不教人哪！"我说："对，学生中只教了我一个。"这位拳师就是许禹生的侄子许繁增先生，是北京八卦掌名家之一。这次选拔赛我的八卦掌得分是第二名，恩师却肯定了我。他老人家说，这几个人的八卦掌若论花花道，老牛没他们多，若论动作协调、劲力完整、功架漂亮，还是数老牛。

（1998年8月于北京）

经典拳论解读

妙成子解《太极行功说》

太极行功，功在调和阴阳，交合神气，打坐即为第一步下手功夫。

妙成子解曰：练张三丰式太极拳，功在调和阴阳，交合神气。而要想调和阴阳，交合神气，必须会小还虚收心求静之功夫，为第一步下手功夫，才可以静后达到调和阴阳、交合神气的效果，否则根本入不了门。交合神气，就是离中真阴下合坎中真阳。

行功之先，尤应治脏，使内脏清虚，不着渣滓，则神敛气聚，其息自调。

妙成子解曰：行功之先必须调治内脏，把五脏之疾病排除，使五脏六腑清虚，没有任何疾病，才能达到神敛气聚而息自调的效果。神不散气自聚，神气相合，息不调而自调。

进而吐纳，使阴阳交感，浑然成为太极之象，然后再行运各处功夫。

妙成子解曰：进而行吐故纳新导引之法，使五脏和合，阴阳平衡，相互交感，阴阳交感而成为太极之象，然后再行运其他各处的功夫。

冥心兀坐，息思虑，绝情欲，保守真元，此心功也。

妙成子解曰：首先行心的功夫，即小还虚收心求静之功，参禅打坐，先除私心杂念，绝七情六欲，以保守元阳元精，这就是心部的功夫。不行心功或不懂心功，不能算是真懂太极之理也。所以学太极拳者，首先问问教授、教练、老师，懂不懂打坐，知不知心部功夫。另外自己下了决心没有，首先是不近女色，否则怎保真元不失。

盘膝曲股，足跟紧抵命门，以固精气，此身功也。

妙成子解曰：盘膝打坐，两腿曲盘，左脚在外，右脚在内为阳抱阴，右脚跟紧抵生命窍，以能固住精气。不会盘膝打坐，就无法练此身功。当然，亦可用两指点住生死窍，但须找明师。

两手紧掩耳门，叠指背弹耳根骨，以祛风池邪气，此首功也。

妙成子解曰：接着两手掩住耳门，中指无名指相叠，以弹耳根骨，每次九下，重复六次，共五十四下。能使脑垂体得到锻炼，还能祛风池之邪气。此为头功也。

两手擦面待其热，更用唾味偏摩之，以治外侵，此面功也。

妙成子解曰：将两手相对，用力摩擦，待两手心发热后摩擦面部，更可用唾液擦之，每次两手搓热有十六下足矣，再以唾液搓之，也是十六下足矣，这样可以治外侵之疾，这就是面功或称脸功。久练此功，面可生香。

两手按耳轮，一上一下，摩擦之，以清其火，此耳功也。

妙成子解曰：两手按捏耳轮，一上一下摩擦三十六次，以清其火，此是耳功也。

紧合其睫，睛珠内转，左右互行，以明神室，此目功也。

妙成子解曰：两眼紧合，使眼珠内转，由下向左、向上、向右、向下转，每顺时针转九次，稍停两秒再转，共转四九三十六次；再由下向右、向上、向左、向下转，逆时针转六次，稍停两秒再转，共转四六二十四次；而后稍停五秒，接着用力睁眼，以明神室，此目功也。

大张其口，以舌搅口，以手鸣天鼓，以治其热，此口功也。

妙成子解曰：嘴大张开，用舌搅口内，一搅舌口一闭，如此每九次算一组，稍息，再以此法，如此搅四九三十六次。同时用两手指敲击后枕骨，每九次一组，共六九五十四次。此功夫可以治内热和口干舌燥。此为口功也。

舌抵上腭，津液自生，鼓漱咽之，以润其内，此舌功也。

妙成子解曰：舌倒卷以顶上腭，舌下左金井右石泉，分泌唾液，待唾液较多时，以口鼓漱九口，吮吞而咽下，这吮吞之功，也必有师传（即头向后仰，张其口，舌送唾液于舌根，咽咽有声而咽之），计鼓漱三个九次。可润口内和脏腑，此舌功也。

叩齿卅六，闭紧齿关，可集元神，此齿功也。

妙成子解曰：嘴紧闭，叩前牙三十六，后大牙二十四，可集元神。如每晚睡前，前牙叩三百六十下，后牙叩二百四十下，可集神，可避邪气。此为齿功也。

两手大指，擦热揩鼻，左右卅六，以镇其中，此鼻功也。

妙成子解曰：右手心搓左大拇指九次，趁热而搓左鼻侧方九次，再用右手将左大拇指搓九次，趁热搓左鼻侧，计四个九，共三十六次。而后以左手心搓右大拇指，和搓左侧相同。此功可镇其中，鼻通心脏，近大指中枢，此鼻功也。

既得此行功奥窍，还须正心诚意，冥心绝欲，从头做去，始能逐步升登，证悟大道。

妙成子解曰：得了以上各种的功夫，还得正心诚意，冥心绝欲，从头开始。这冥心绝欲日久便可证悟大道。如不能绝欲，永远也得不了大道。证悟大道首先绝思虑，绝淫欲，扫三心，飞四象，四大皆空，过去的事不思，现在的事不问，将来的事不想，心中只有道，其他均不知，方可证悟先天金仙大道。

长生不老之基，即胎于此。若才得太极拳法，不知行功之奥妙，挈置不顾，此无异炼丹不采药，采药不炼丹。

妙成子解曰：上面讲了冥心绝欲，可悟大道。从冥心绝欲下手，在明师指导下，就可步步登阶，练至收气降龙，开通八脉，下手伏虎，金木合并，卯酉周天，翕聚和气，蛰藏气穴，蒂踵呼吸，点穴固丹，虚空生白，六根震动，服食过大关，才有养道胎。所以祖师曰：即胎于此。要是才学太极拳，不知行功之奥妙者，以至于根本不管这一套，那和采药不炼丹、炼丹不采药没什么两样，都将无任何结果。

莫道不能登长生大道。即外面功夫，也决不能成就。必须功拳并练。

妙成子解曰：上面已说不会有任何结果，这结果就是能登长生大道。光练外面功夫，根本不可能有大成就，大成就即是登长生大道。要登长生大道，就必须道功和太极拳并练，才能成功。

盖功属柔，而拳属刚；拳属动，而功属静。刚柔互济，动静相因，始成太极拳之象。

妙成子解曰：修炼道功（又曰静功）属柔，而和炼静功比较起来，拳属刚，属于动，而修炼属于静，必须刚柔相济，动静结合，才能证太极之象。我之所以说太极拳是张三丰祖师所创，而不是别人所创，其原因就在于此。修炼道功和练太极拳结合，这是张三丰祖师的要求，一般人焉能知道如此深奥的哲理。别人怎么加，也加不上道功四大手，即下手、转手、了手、撒手，加不上就无成就。必须静功和太极拳并练。

相辅而行，方足致用。此练太极者，所以必先知行功之妙用；行功者，所以必先明太极拳之妙道也。

妙成子解曰：张三丰祖师要我们后人相辅而行，才能由说到用，两者缺一不可。所以练太极拳的人必须先知道炼静功、四大手的妙用，而炼静功的人也必须知道太极拳的妙用，两者一家，谁也离不开谁，缺一也不能成就，缺一也不能算是继承，更谈不上什么创造。我自幼喜武，所遇名师甚多，但都是知其一而不知其二者。太极拳、形意拳、八卦掌、武当剑，名师举不胜举，但练拳者不知炼道家养生功者甚多，而炼道家养生功不会练太极者也不胜枚举。鄙人的拳术和道功均得自多位高人，即武术上得于恩师李天骥、恩师"铁胳膊杨四"杨凤翔和有"当代杨澄甫"之称的郝家俊先生；道功上得于父亲玄金子牛金宝、玄元子刘希元和玄庆子张庆云等伯父，才能看出今天太极拳史造假的弊端。因此，我大声疾呼，还张三丰祖师创太极拳之本来面目。

妙成子解
"附清山阴王宗岳《太极拳经》"

《张三丰太极炼丹秘诀》一书中的"附清山阴王宗岳《太极拳经》",应为"附明山阴王宗岳《太极拳经》"才正确。现已有资料证明,清乾隆著《阴符枪》的山右王先生,是王学定先生。中国武术史也一直认为乾隆年间的王先生是王宗岳。赵堡镇太极拳界的朋友一直不拿出这个资料来,只因时机未到。改革开放后,赵堡镇的朋友们拿出了证明,为太极拳的传承作出了巨大贡献,几十年来争论不休的问题解决了。王宗岳就是王林桢,是明万历年间人。王宗岳传蒋发,蒋发也是明万历年间人。这样一来,历史就从此顺利接上了,即张三丰传刘古泉,刘古泉传王宗岳,王宗岳传蒋发,蒋发传陈家沟、赵堡镇,两地代表人物,陈家沟是陈长兴传杨露禅,杨露禅传杨健侯,杨健侯传杨少侯、杨澄甫;赵堡镇的代表人物是陈清平传武禹襄,武禹襄传杨班侯、李亦畬,李亦畬传郝为真,郝为真传孙禄堂。自杨澄甫、孙禄堂之后的传承则很清楚。

附清山阴王宗岳《太极拳经》

太极者,无极而生,阴阳之母也。动之则分,静之则合。无过不及,随屈就伸。人刚我柔谓之走,我顺人背谓之黏。动急则急应,动缓则缓随。虽变化万端,而理惟一贯。由着熟而渐悟懂劲,由懂劲而阶及神明。然非用力之久,不能豁然贯通焉。虚灵顶劲,气沉丹田,不偏不倚,忽隐忽现。左重则左虚,右重则右杳。仰之则弥高，俯之则弥深。进之则愈长，退之则愈促。一羽不能加，蝇虫不能落。人不知我，我独知人。英雄所向无敌，盖皆由此而及也。斯技旁门甚多，虽势有区别，概不外壮欺弱，慢让快耳。有力打无力，手慢让手快，皆是先天自然之能，非关学力而有为也。察四两拨千斤之句，显非力胜。观耄耋能御众之形，快何能为！立如平准，活似车轮。偏沉则随，双重则滞。每见数年纯功，不能运化者，率皆自为人制，双重之病未悟耳。欲避此病，须知阴阳。黏即是走，走即是黏。阴不离阳，阳不离阴，阴阳相济，方为懂劲。懂劲后，愈练愈精，默识揣摩，渐至从心所欲。本是舍己从人，多误舍近求远。所谓差之毫厘、谬之千里，学者不可不详辨焉。是为论。

妙成子解

太极者，无极而生，阴阳之母也。太极是从无极而生太极，一阴一阳谓之道，一阴一阳为太极。世界万物无一不是阴阳和合而成，所以太极是阴阳之母、阴阳之本、阴阳之要。吕祖曰：玄篇种种说阴阳，二字乃为万法王，一粒粟中藏世界，半边铛内煮山江……如我们人，乃父精母血交合而成，男人外阳内阴，女人外阴内阳，所以说有阴有阳谓之人。孤阴寡阳，什么事也干不了。

动之则分，静之则合。无过不及，随屈就伸。在运动过程中，一动阴阳即分，一静阴阳即合。当人真正静下来时，肾水就能上升，心火即可下降，这是从来就静不下来的人所体会不到的。能达到静则合，即阴阳合了，才能无过不及，应屈就屈，应伸就伸，完全顺应客观事物的发展，不是主观想怎么样就怎么样，这才是太极拳和推手的高境界。

人刚我柔谓之走，我顺人背谓之黏，动急则急应，动缓则缓随。虽变化万端，而理惟一贯。对方的刚劲一来，自己不能以刚治刚，而是以柔化之。受定对方刚劲，顺其刚劲而走，刚劲立即失灵。我顺人背谓之黏，我是顺的，对手是背的，那我即黏住对方，如磁石吸铁，如膘胶粘木，对手动得快，我则急应，对手动得慢，则缓慢对之，即怎么拍而怎么合，对手快而自己不能慢击之，对手慢而自己快应之也不行。非得合上拍，才能奏效。所以我的启蒙老师杨凤翔总讲："你掤、捋、挤、按，我空、化、解、走。"这几个字我领悟多年，方入门径。一句话，完全顺应客观情况而定。虽变化万端，而理惟一贯，任其万般变化，我则以不变应万变，不变的是性，性者心也，发于二目，即心中有数，有自己的主见，绝不跟着别人跑。

由着熟而渐悟懂劲，由懂劲而阶及神明。 由于久练推手，就能明白掤、捋、挤、按、採、挒、肘、靠等太极劲，由懂劲而进阶神明。所谓神明，就是不见对方不闻对方，就知对方要干什么，而自己则在对方来劲时，早已知道解决的方法，也就是看看对方的眼神，就知道对方要干什么了，这就是神明的阶段。恩师李公曾对我说："老牛啊，从现在起（时我37岁）下大功夫，还能练出七八成功夫来，十成功夫是达不到了。十二成呢？就别想了。"十二成功夫，就是不闻不见之功夫。我在37岁下大功夫，如果是27岁呢，说不定能达到八九成功夫；要是从17、18岁下大功夫呢？有可能达九十成功夫；要是从8、9岁下大功夫呢？就有可能达到十二成功夫。可见达到不见不闻之功夫也不是高不可攀。但我必须指出，欲达不见不闻，只练拳不练道功（即静功）是绝对达不到的。只有拳道并练，才能达不见不闻之境界。

然非用力之久，不能豁然贯通焉。 不论练拳或推手，都是久练而成功。比如练拳，拳打千遍，身法自然；如推手，必须久推才能体会劲和力的不同，由开始的不懂劲，由挨打到少挨打，到能还击，到能击对方，到击倒对方，都是久练才能大彻大悟出来的。我自己就是例子，刚开始学推手时，我谁都推不过，谁都能打我，甚至有的同学说喝醉了酒都能打我，还有的同学认为我是"小菜一碟"，有个大个子，我都无法和他推手、搭四正手。在恩师李公的指导下，也就是一两年的功夫，同学们打我已不容易了，有的甚至挨我的打，我以前没法推的大个子，可以被我打倒，认为我"小菜一碟"的，被我打得腾空而起，这是多么大的变化，这就是久推的结果。1983年我为北京市在全国拿了第一枚金牌，1984年担任北京太极推手队总教练，3年内使北京没有能赢我学生的对手，1986—1988年连续3年获全国团体第一名。至今我还保留着在全国取得8金6银5铜的太极推手成绩，在北京属空前的成绩。这都是久练才达到的功夫，也就是久练才能豁然贯通的道理。

虚灵顶劲，气沉丹田，不偏不倚，忽隐忽现。虚灵顶劲，即下颌微收，神贯于顶，这是仰脸所做不到的，仰脸神即散，而常见练太极拳多年者仰着脸练太极拳，与虚灵顶劲相悖。含胸可使气沉丹田，挺前胸则气填于胸，气不能下降，沉不到丹田，而提着肚子，更是使气降不到丹田。而常见练太极者挺胸提肚，和气沉丹田相违背。因此，推手时或练拳时一挺胸一提肚，气往上涌，如同气球，不充气还能在原地不动，一充气不打自飞。胸含腹圆，气沉丹田，下中部稳健。人一身最重的地方是腰下臀上那一部分，这里的功夫练出来，才算有了功夫，这里的劲练不整则没功夫。腰部功夫练出来，自然稳如泰山。推起手来运用自如，忽隐忽现，神鬼莫测，变化多端。

左重则左虚，右重则右杳。仰之则弥高，俯之则弥深。进之则愈长，退之则愈促。推手时左重则左虚，右重则右虚，让对手摸不着重心。当对手摸我左边时感觉是实的，但稍一用劲，我则变成虚的；当对手摸右边时，稍一用劲，右边就变得无影无踪，身手让对方感觉虚无缥缈。仰之则弥高，高不可攀，让对手够不着；俯之则弥深，深不可测，似无底洞。20世纪70年代，恩师李公教我推手时，我本比老师高半头，我一米七四，恩师一米七零，但一旦推起手来，我总觉得恩师个头比我高一大块，好像我比恩师矮了不少。恩师往下一沉，我无法担起恩师的前手；恩师往下一松，我又觉得够不着恩师的两手；恩师往起一长身，我则又够不着恩师的双手；恩师一抖手，我便应声跌出丈外。当起来再推时，恩师又挤上我，我刚要变，恩师的劲一延长，使我无处躲，又应声摔倒在地。只见恩师一抖两臂，又迅速保持原样。这就是"进之则愈长，退之则愈促"。如果不是进长退促，就容易让对手利用，乘劲之延长而反借之，反而给自己造成不利局面。

一羽不能加，蝇虫不能落。人不知我，我独知人。英雄所向无敌，盖皆由此而及也。 "一羽不能加，蝇虫不能落"，这是太极推手的最上乘功夫，不是一般人所能达到的。太极拳上乘功夫之绝妙，连一根羽毛落在身上都有感觉，蝇虫根本就不能落在身上，这是十二成功夫的水平，我自己只能说说，实际功夫还差之遥遥。"人不知我，我独知人。英雄所向无敌"，这都是上乘功夫的表现，这些都不是光练太极拳能达到的，必须如张三丰祖师所言，拳法和道功并练，以达到连蚂蚁打架都能听见的程度，达到这种程度，才能达到人不知我、我独知人的境界，也就所向无敌了。

斯技旁门甚多，虽势有区别，概不外壮欺弱，慢让快耳。有力打无力，手慢让手快，皆是先天自然之能，非关学力而有为也。 王宗岳祖师讲练太极拳或练武术的真传绝少，旁门甚多，虽然动作不一样，但都是主观想象，全是以壮欺弱，以慢让快，以有力打无力，手慢让手快，这都是先天本能之力，和学功夫无关。我们今天来对照一下，谁是以壮欺弱的，则不是太极劲；谁是以慢让快的，也不是太极劲；谁是有力打无力的，也不是太极劲；谁是手慢让手快的，同样不是太极劲，这都是先天自然的力量。而太极劲，是后天学来的劲，是以弱胜壮，以慢制快，以巧劲破拙力，以手慢打手快，以柔而克刚，讲的是牵动四两拨千斤的劲，和前者有本质的不同。

察四两拨千斤之句，显非力胜。观耄耋能御众之形，快能何为！ 王宗岳祖师说，"察四两拨千斤"，说明王宗岳祖师在之前见过这种功夫，说明王宗岳祖师有师承，而且老师是位道行极高的高人。加上所说的"斯技旁门甚多"，是什么意思？说明那个时代，就有不少左道旁门。凡不懂四两拨千斤的，均不是太极拳的功夫。老头能打小伙子如儿戏，老头能敌众人，显然说的是张三丰单丁杀众之事，这哪是仅凭"快"就能办到的事情呢？

立如平准，活似车轮。偏沉则随，双重则滞。 太极拳高手，能称出对方的功夫有几斤几两来，如磅秤一般。来五十给五十，来一百给一百，绝不多给。手摸任何地方，都有问即有答，周身如车轮一般，任其触摸，怎么摸怎么转。偏沉则随，双重则滞，既不能偏沉，也不能双重。偏沉是病，双重也是病。若对手偏沉了，你则随着他，他自然站立不住；双重者，自然发呆找挨打。这些毛病都要在明师指导下，久练才能克服。没有明师指导，永远也行不通。

每见数年纯功，不能运化者，率皆自为人制，双重之病未悟耳。欲避此病，须知阴阳。 练了许多年的功夫，有劲不会运用，反而被人所制，原因是双重之病未除。过去在王宗岳祖师时代有，现在更多。如不会练太极拳或会练太极拳而不知太极拳究竟怎么才算练对，以及既不会太极拳也不会推手的太极拳专家、名师、教授、八段、九段们。这是什么原因呢？因为他们占着党和人民给他们的权力、地位而滥竽充数。专家有各式各样的专家，如写字有颜、柳、欧、赵四大家，炒菜有粤菜、鲁菜、湘菜、川菜，哪有样样都精的专家？样样精者是样样都不精，一样精者则百样通。我这么一说有些专家就要钻空子了，我们精少林拳、长拳，属于一样精，所以对太极拳、形意拳、八卦掌也就百样通了。我则认为，你少林拳、长拳也不精，你若精了，就不会跟着别人跑。少林拳红遍全球时您是少林拳专家，太极拳红遍全球，您又是太极拳专家，这就说明自己什么也不精。少林拳和内家拳，谁精谁也得脱胎换骨，没有中间道路。原因是少林拳和内家拳有着原则不同的技术要求，少林拳讲的是挺胸、提肚、翻臀，出拳横平竖直的造型，它有它的内在要求。而太极拳、形意拳、八卦掌则相反，要含胸、实腹、敛臀，它有它的处处弧线，定式没有一处是直的造型的美。两者的技术要求根本不同，岂能混淆？我的个性是，全世界都练少林拳我也不改行跟着跑。我就练我自己的专业太极拳、形意拳、八卦掌、道家功夫。您是少林专家请向别人讲清楚，您不会太极拳、形意拳、八卦掌、道家功。您是练内家拳的，请别说您精少林拳，您要想精就得脱胎换骨。在考段位这个问题上，我觉得日本人的段位制比我们严得多，不论多大岁数，都要上去比武，胜了升段，败了明年再来，休想走后门凭关系升段位。就是讲原则，不讲人情。言归正传，王宗岳祖师告诫我们，要克服双重之病，首先要知阴阳，阴阳各为五两，加起来才是一斤，阳重不行，阴重也不行，各半才为太极拳。

黏即是走，走即是黏。阴不离阳，阳不离阴，阴阳相济，方为懂劲。黏即是走，走即是黏，这黏是主动的，不是被动的。阳不离阴，阴不离阳，阴阳谁离开谁也不能造化。阴阳平衡才能生育万物，所以练太极拳和太极推手必然都是阴阳各半。阴阳相济，方为懂劲，不懂阴阳相济，就是不懂劲。

懂劲后，愈练愈精，默识揣摩，渐至从心所欲。本是舍己从人，多误舍近求远。所谓差之毫厘、谬之千里，学者不可不详辨焉。懂了劲之后，就能越练越黏，经常研究其中之理，就能达到从心所欲、想怎么着就怎么着的境界。否则，不懂什么是舍己从人，反而去舍近求远，本来练好太极拳、太极推手，在名师指导下下大功夫，5年足矣，但在愚师指导下练上30年、40年，也是白搭。原因是，练拳讲尺寸分毫。如前面所说，练太极拳要求含胸，你偏要挺胸；练太极拳要求实腹，你偏要提肚；练太极拳要求敛臀，你偏要撅臀；练太极拳要求手走曲线弧线，你偏要横平竖直，这哪是差之毫厘呀，所以谬之也不止千里。学拳的人，不可不辨，不辨就永远糊涂下去。我希望练太极拳、形意拳、八卦掌者和少林拳、长拳改太极拳、形意拳、八卦掌者，领悟王宗岳祖师的教诲，立即予以改正。

妙成子解《十三势歌》

十三总势莫轻视,命意源头在腰隙。变转虚实须留意,气遍周身不少滞。

妙成子解曰:太极拳十三势,势势不可小看,其阴阳奥妙,变化万端,相生相克,千万别轻视。命意源头在腰隙,是指命的源头在腰部脐下三寸,肾为命本,肾气足而命长,肾气亏而命减,所以说命意的源头在腰隙。不论在练拳或推手时,虚实的变化令人莫测,而且本身也不能粗心大意,而是要处处留心。不要以为对手差而轻敌,也不要以为对手强而惧敌,要全神贯注,气遍全身,不能有一点的呆滞现象。如练拳,久而久之,静出现了,周身如过电般,能听到嗖嗖血流之声,这证明在练拳中没有任何呆滞的现象。经常入静,就会体会到体内有个发动机嗡嗡作响,周身上下如有蚂蚁爬一般。出现这些现象才符合张三丰祖师的太极拳的要求,做不到这些,则非张三丰之传人也。

静中触动动犹静,因敌变化示神奇。势势揆心须留意,得来不觉费功夫。

妙成子解曰:静中触动动犹静(主要是指推手、技击、散手而言。太极拳十三势,掤、捋、挤、按、採、挒、肘、靠是指技击而言,进、退、顾、盼、定是指练架子而言)。在推手过程中,往往是对方不动,而自己怎么办呢?就要用问劲、引劲,使对方产生较劲,身体发僵而击之。这种问劲和引劲最能体现"静中触动动犹静"。在练拳入静后也可体现。练拳是由动到静,由静到动。上面说过练拳时如行云流水,飘飘若仙,但这是练拳时的情况,推起手来则不然。对手推自己,自己桩功扎实稳如泰山,对方不能动你分毫,这是以静引得对方动;或者对方不动,以静对待,我则以动去制对方的静,处处顺应客观,均因对方的变化而变化,就能出现所说的神奇效果,这就是"因敌变化示神奇"。"势势揆心须留意,得来不觉费功夫",每一动或每一静,都要求衔接很严,要仔细揣摩其中的含义。如推手时周身饱满,没有任何缺陷,势势贯穿,招招紧凑,一气呵成,这样去练拳、去推手、去站桩,得到功夫也并不费劲。若跟真正的名师学个一年半载,也就有模有样了;推手推个一年半载,一般人绝不是你的对手了;一年区里夺魁,两年市里夺冠,三年进入全国前三名的角色。而跟糊涂老师,练上十年八年也无所获,是白花时间、白花学费而已。

刻刻留意在腰间,腹内松静气腾然。尾闾中正神贯顶,满身轻利顶头悬。

妙成子解曰:刻刻留意,不能有丝毫的差错。如推手时,使对方找不到任何进攻的借口,对方怎么动,自己均一清二楚。腹内松静,腹部照样能攻击对方,甚至比双手的劲力还要大得多。常听恩师说:"郝家俊先生肚子像蒲团(如皮球),不摸肚子还算罢了,一摸肚子,他肚子一收缩然后一弹,将对手弹出丈外倒地,这就是气腾然的表现。"练拳时,由于久动而入静,忽觉丹田发暖而真阳气生,一股暖流直贯头顶。我的日本学生田崎正志,就出现了这种现象,可惜他不懂中国的文化,当时我怎么解释他也听不懂,经多少年后再来京找我,方明此理。不论练拳或推手,均要尾闾中正(即尾骨向里收),自然能提起精神,神贯于顶,而撅臀提肚绝达不到这种效果。满身轻利顶头悬,是指如果做到尾闾中正,久练拳、久推手,就会感觉一吸气,如有气旋在头顶环绕,或觉脑内有气到处乱窜,到此境界其乐无穷。

仔细留心向谁求，屈伸开合听自由。入门引路须口授，功夫无息法自修。

妙成子解曰：拳练到此阶段，就更要留意去探求。想屈则屈，想伸则伸，完全进入化境，成道法自然之象，一切均顺应，怎么练怎么有理，任其自由自在地屈伸开合，由必然王国而达自由王国。这样高深莫测神出鬼没的功夫，在刚刚开始入门的时候，老师必须言传口授，在明白老师的指导下，再下决断功夫，自然能达上乘功夫之境界。如果老师讲不明白，学生也不知怎么练，就会糊涂一生。如果老师讲得明白，学生再肯下功夫苦练，自然功夫日臻上乘。老师明白，学生不肯练，不成；老师糊涂，学生肯练，也不成。拳打千遍，身法自然，这是我的恩师经常教育我的话，同道也不妨试试。

若言体用何为准，意气君来骨肉臣。想推用意终何在，益寿延年不老春。

妙成子解曰：练太极拳和太极推手以什么为准绳呢？是意气为主，骨肉为臣，四肢百骸都要听从意气的指挥。练太极拳和太极推手最终要达到什么目的呢？益寿延年不老春。所以我们常听说，天天坚持练太极拳，就能多活十年二十年，这是指广义而言，个别人也活得岁数不大。当然达到"不老春"是不可能的，只有极少数人能达到，大多数人达不到。因为人的寿限是多方面因素决定的，如饮食、自然环境、生活环境、心态平和等等。但能在练拳时入静，静后外阳要动，动时会收，由收气到收精，由收精到炼丹，由炼丹到养胎，以至于达到阳关由一闭再得一闭，如马阴藏相，寿命自然会很长，甚至能活几百岁。达不到这个阶段，长寿者八十九十乃至一百岁就不行了，所以说修延寿易，修长生难。

歌兮歌兮百四十，字字真功义无遗。若不向此推求去，枉费功夫贻叹息。

妙成子解曰：这首太极拳歌计有140个字，但其深刻的含义，必须认真去研究探讨，否则马马虎虎，糊里糊涂，即永远也不明其中之意。练太极拳和推手要认真研究这140字，否则练上几十年也不知太极拳和推手是怎么回事。如我自己，先在无人指导下练了22年，尚未入门，再次遇恩师时已经是37岁了。恩师见我学拳意诚，便指着我说："你练了22年太极拳，我看连两年的功夫也没有。"我听后自觉脸上发烧，但心里不明白为什么这么说我，却也不敢回问。自从跟恩师重新练拳后，我便一年一个样步步登阶，苦练8年而成名天下，得太极拳最高分和太极推手第一名，而后出任北京队教练。我培育的学生，均在两三年内成名，足见恩师之言不差，当时我训练学生的时间连两年都不到，即达预期成效。

妙成子解《十三势行功心解》

十三势行功心解

以心行气，务令沉着，乃能收敛入骨。以气运身，务令顺遂，乃能便利从心。精神能提得起，则无迟重之虞，所谓顶头悬也。意气须换得灵，乃有圆活之趣，所谓变转虚实也。发劲须沉着松静，专注一方。立身须中正安舒，支撑八面。行气如九曲珠，无往不利（气遍身躯之谓）。运劲如百炼钢，何坚不摧。形如搏兔之鹘，神如捕鼠之猫。静如山岳，动若江河。蓄劲如开弓，发劲如放箭。曲中求直，蓄而后发。力由脊发，步随身换。收即是放，断而复连。往复须有折叠，进退须有转换。极柔软，然后极坚刚。能呼吸，然后能灵活。气以直养而无害，劲以曲蓄而有余。心为令，气为旗，腰为纛。先求开展，后求紧凑，乃可臻于缜密矣。又曰先在心，后在身。腹松净，气敛入骨。神舒体静，刻刻在心。切记一动无有不动，一静无有不静。牵动往来，气贴于背，敛入脊骨。内固精神，外示安逸。迈步如猫行，运劲如抽丝。全身意在精神，不在气，在气则滞。有气者无力，无气者纯刚。气若车轮，腰如车轴。

十三势行功心解，张三丰祖师已经给作了全面解释，我怎么解也赶不上张三丰祖师。此篇解读，算是我的学习心得，仅供大家参考。

以心行气，务令沉着，乃能收敛入骨。以气运身，务令顺遂，乃能便利从心。

妙成子解曰：心为神，眼为心之苗，性者心也，发于二目，神气配合无丝毫差错，才能使神气收敛入骨。无论推手还是练拳均须如此，才合太极拳之理，一神一气就是一阴一阳，一阴一阳即是太极拳之象。以气运身，务令顺遂，乃能便利从心。吸是收，呼是放。练拳是起吸落呼；收吸，按、挤、掤、捋等呼；开吸合呼。如推手时，往里带人是吸，推按是呼，这些都是顺遂呼吸。这样才能达到以气运身务要顺遂之意，不能反其道而行之。

精神能提得起，则无迟重之虞，所谓顶头悬也。意气须换得灵，乃有圆活之趣，所谓变转虚实也。

妙成子解曰：精神能提才能有精神。能提就是气贯于顶，下颌微收，头即顶，顶时能静，这样精神就提起来了。提起精神来就没有呆相，提不起精神则无精打采，头呆、身呆、手呆。犯呆练拳则无精神，犯呆推手时则处处挨打。精气神足才能应万事，精气神不足什么事也应付不了。精神提起来了，意气须换得灵，乃有圆活之趣，所谓变转虚实。眼看为神，心为思想，耳听为意。无论练拳和推手，意和气都要紧密结合，所谓眼观六路，耳听八方。练道家功亦然，是意到气到，气到病除。如练拳和推手意到气到，气到手到，对手即跌出丈外。周身上下，如同充满气的皮球，使对手摸不到缺陷处，摸哪儿，哪儿圆圆活活；摸哪儿，哪儿有问有答；摸哪儿，看似中心，一用力又不是中心，而自己则处处都可及时变为中心而应敌。周身似球，球有阴阳，阴阳即太极拳也。

发劲须沉着松静，专注一方。立身须中正安舒，支撑八面。

妙成子解曰：要发放对手时，自己的头脑要冷静沉着，不可心急火燎。要专注于被发放点的变化，发放时才能内外统一，上下统一，一发才能如箭出弦。能在一思进，莫在一思存，发放才能奏效。如果不冷静，心急火燎，周身上下紧张，没伸缩性，发放绝不会奏效。发放时不可东张西望，要一心专注，察其丝毫变化，而且自己要得机得势，才能中正安舒，也不能前俯后仰。周身上下统一，其功一松到脚，两脚桩功稳如泰山，如树生根，才能前后左右上下，支撑八面。

行气如九曲珠，无往不利（气遍身躯之谓）。运劲如百炼钢，何坚不摧。

妙成子解曰：行气时如颗颗珍珠，看起来是一个一个的独立体，而运用起来都是一个整体。如气行于四肢百骸，而用时积聚于一起，气劲技术运用自如，任意纵横，无往而不利。放到对手身上，如同百炼纯钢，锋利无比，吹毛断发，无坚不摧。多硬的铠甲，也能穿甲而过刺入身中，所向披靡。

形如搏兔之鹘，神如捕鼠之猫。静如山岳，动若江河。

妙成子解曰：练拳或推手如搏兔之鹘，速度快起来让你看不见摸不着，直射目标；或我只见你，你不见我般地来无踪去无影，想怎么打你就怎么打你。神如捕鼠之猫，如猫的两眼看老鼠一般，两眼如电，冷气逼人，寒光闪闪，令老鼠望而生畏，不敢乱动，坐以待毙。练拳推手亦然，令对手心甘情愿地挨打而不知所措，只有老老实实挨打，让其往东而不敢往西。当发人时势如排山倒海，力如雷霆万钧，令人无法阻挡；当复静时，如水面平澈如镜，温柔和顺。如桩功过硬，任人来推而不会动分毫，静如江河；当放时，势如破竹，无往不前。

蓄劲如开弓，发劲如放箭。曲中求直，蓄而后发。

妙成子解曰：蓄劲时如把弓拉圆，后脊背要圆；发劲时如放箭一般，其速无比。脊背不圆，很难发出如箭出弦的劲来。连西洋拳击都知胸含背圆发拳才有劲，挺胸根本发不出劲来的道理。可惜今天的太极拳、形意拳、八卦掌习练者者中，还有许多人挺胸提肚。简单地讲，挺胸提肚就不是内家拳。练拳和推手时，都是欲进而先退，欲擒而故纵，运动中看着是曲，而且是曲中求直，因为没曲就发不了劲。拳家有言，练太极拳、形意拳、八卦掌，是过曲而少力，过直而劲僵，曲中求直，才正合太极用劲之意。所以发劲前是曲，而发劲时要直，才能发之奏效。这个直不是手臂、两腿之直，而是在人身上找直线。如欲要用挤，先把对手从正要偏，使对手左肩和右臂在一条直线上，以按加之贯力，对手即应声跌出。又如正面挤对手，先拗对手两脚成横向，而借机向其中间迈一步而击之，对手应声即倒，这都是曲中求直的道理。千万不能理解为腿直、胳膊直，如前所说直而劲僵。

力由脊发，步随身换。收即是放，断而复连。往复须有折叠，进退须有转换。

妙成子解曰：身体的方向变了，步要及时跟着变，不能身体转换了，而腿在原地不动，这是讲练拳或是推手。而练基本功时，就是要强调两脚站着不动，而腰左右可转超90°，前后也可转超45°。练拳和推手则不同，要步随身换。收即是放，收的目的是为了放，只收不放，那是给自己增加压力，俗话说就是帮助别人打自己。所以收的目的是为了放。在练拳和推手时，有时有断，断而复连，不要因断就断，而是藕断丝连，劲断意不断，意断劲不断。往复须有折叠，比如我们将对手，对方手已前伸，而我们突然将其臂后折或突然向下、向后折叠，劲就明显奏效，对手或应声跌出，或立即摔倒；或对手手向上伸，而你却突然向下折叠。总之不论向前、向后、向左、向右、向上、向下往复都须有折叠功。推手练拳时进退须有转换，不能硬啃一边。哪边舒服得当就用哪边，不舒服得当就立即调整。

极柔软，然后极坚刚。能呼吸，然后能灵活。

妙成子解曰：极柔软，才能极坚刚。这点一般人理解不了、想不通，而实际上刚柔是成正比的。如同道家养生功所言，否极泰来，阴极阳生，就是极柔软才能极坚刚的道理。在推手时常见二人对顶，成"人"字而不敢放松，双方都想以力把对方顶出去。此时如果有一方水平很高，借对方的顶，而借定彼劲向下一松，对方就可像一根棍子一样倒在地上，这是用劲顶而不可能产生的效果。当然要做到极柔软，首先自己的桩功要过硬，手上、两臂、身上要极灵敏，才能达到极柔而至极刚的效果。能呼吸，然后能灵活。不论做什么动作，都能自然呼吸，配合动作呼吸则更佳。也就是说不论推手还是练拳都不能憋气，憋气不能持久。动作配合呼吸方为妥当，运用起来自由舒畅，变动起来极其灵敏。如1985年和1987年在山西太原和在黑龙江哈尔滨，我的学生高××、张××和对手对垒，对手憋足气，用力将我的学生推出两次，而对手的脸由黄变绿，蹲在地上站不起来。如果再这样憋着气推上两次，对手非吐血不可。如果不是当场裁判有意让他们在擂台上休息，他们绝对赢不了这两个学生。这都是憋气不能灵活的例证。

气以直养而无害，劲以曲蓄而有余。心为令，气为旗，腰为纛。

妙成子解曰：气以直养而无害。气有先天炁、后天气之分。先天炁是无念的炁动，后天气是米谷之气。直接养气，是少思虑、少说话、少淫欲而直接养后天米谷之气；先天炁则要打坐入静，静后阳动，阳动收阳即是养先天炁。这先天后天，养哪个更好？我认为养先天炁最好，但要拜明师，而养后天气也比不养要好。即用我上面所说的三少，可养后天气，如此养气，有百益而无一害，不出意外活到90岁没问题。养先天炁养好，活到100多岁没问题。

劲以曲蓄而有余。气要直接养，那劲呢？要以曲蓄才能有余。故练太极拳的定式没有一个动作是直的，练推手四正手、大捋、活步大捋也没有直胳膊、直腿的，用时更是如此。发人、放人胳膊均没有直的，不直才能蓄劲，一直即为断劲。四肢全是曲的，使劲蓄存起来，才能有余劲产生。如我有 100 元钱，只花 20 元，就有 80 元储蓄起来。劲也如此，我有 100 斤劲，只用 20 斤劲就奏效了，便没必要把 100 斤全扔掉。所以练拳、推手都要蓄劲有余劲，不能直胳膊直腿。在推手中直胳膊直腿，说明不会推手，因为四肢直等于帮助对手打自己，等于给对手喂劲。心为令，心要下命令，进或退，攻或守；气为旗，什么旗？令旗，令旗一挥，举着大旗前进；腰为纛，腰为大旗，大旗一举全军冲锋，勇往直前，势如破竹。

先求开展，后求紧凑，乃可臻于缜密矣。又曰先在心，后在身。

妙成子解曰：练拳和推手，在初级、中级阶段是先要开展，后要紧凑。因为练拳和推手不开展，缩手缩脚，练不出功夫，也就是说，在练拳时，要尽量把身架拉开，都能做到极限。如弓步，就要前膝盖和前大腿根齐平，后膝盖外撑与后脚尖成一线；下势时前腿最好能接近地面；蹬脚时能蹬至与头齐平；摆莲时右脚从左向右，只是在面前轻轻一划，这就算是开展了。而推手时，要敢进攻、敢给，敢大进、大退，这是推手上的开展。而到和人相较时则要紧凑，式式放小。用时式式紧凑，使对手无懈可击。只有练出开展的功夫来，用时即知紧凑的效果，这样才能在做时思维缜密，考虑问题更臻完善。先在心，后在身。对手一伸手和身体刚一接触，自己就能判断出对方的功夫深浅，并想出战胜对手的办法来。

腹松净，气敛入骨。神舒体静，刻刻在心。切记一动无有不动，一静无有不静。

妙成子解曰：腹松净，才能气沉丹田，丹田气足，自能充满全身而收敛入骨。丹田在任脉，下通生死窍，此为八脉之总根，向后向上，通尾闾过夹脊，通玉枕上百会，再下降至祖窍、绛宫、丹田，所以说腹松才能将气收敛入骨。提肚绝对不能使气沉入丹田，更谈不上收敛入骨了。神舒体静，神气舒而畅通，周身才能安静，周身一安静，四梢即轻灵。不论是练拳还是推手，就如同中医大夫给患者看病一般，手一搭脉便知其病在哪，开什么方子治疗。推手一搭手便知对方劲力是否深厚，其用意如何，如何解决问题。但明知对方之病也不可大意。如云长公，论武艺，吕蒙恐怕绝不是云长公之对手，而云长公大意了，失守荆州还搭了性命。今人也不可大意，别听口中"大哥、大哥"地称呼你，等一搭手他就要吃掉大哥。他向别人吹时，绝对不会说你是站在那里任凭他来推你放你的，到处吹嘘打败×××，这种教训在历史上已经不少了。一动周身要轻灵，一动无不动，一静无不静。静时能体察对方，动时劲力完整一松到脚，把对方摸得清清楚楚、明明白白，方能战而胜之。

牵动往来，气贴于背，敛入脊骨。内固精神，外示安逸。迈步如猫行，运劲如抽丝。

妙成子解曰：牵动对方，前后左右，进退往来，都要气贴于背。含胸背圆才能气贴于背，气贴于背才能敛入脊骨，运动自如。挺胸，气贴于胸，贴不了背，更谈不上敛入脊骨。内固精神，外示安逸，精神一乱，一切就全乱了，也就不能外示安逸了。迈步如猫行，运劲如抽丝，这是太极拳独有的特点。练拳时、推手时，行步不可有声，步伐轻灵如雪般；周身上下起手、抬脚均有法度，丝丝连接，扣扣不离；运劲如抽丝一般，式断意不断，式式连接如藕断而丝连，只见一气呵成，不见姿势有断。

全身意在精神，不在气，在气则滞。有气者无力，无气者纯刚。气若车轮，腰如车轴。

妙成子解曰：练拳或推手，周身上下，都表现在精神面貌上，运用自如，发放对手如同儿戏一般，而不是憋足了气。气一憋准无力，更灵活不了。常见生手推手憋得脸红脖子粗，谁也奈何不了谁，这就是有气而无力的表现。无气者纯刚，这无气指的是不憋气，才能达纯刚之劲，不是没有呼吸气了。气若车轮，从生死窍，到督脉、任脉，周而复始地呼吸，如同车轮一般不停运转，而腰又如同车轴一样转动自如，人不知我，我独知人，方能百战而百胜。

妙成子解《打手歌》

掤捋挤按须认真，上下相随人难进。任他巨力来打我，牵动四两拨千斤。引进落空合即出，粘连黏随不丢顶。

妙成子解曰：

"掤捋挤按须认真"，掤、捋、挤、按是太极推手的四正手，基本功。四正手四种劲力，掤有掤劲，捋有捋劲，挤有挤劲，按有按劲，这些劲必须认真去练，才能好用。常见不少推手者根本不知这四种劲，而是一个劲往前顶，结果练了许多年，没有明显进步。跟会推的也顶，跟不会推的也顶，这分明是不知四种劲的奥妙。若知四字之妙，该掤时掤之，该捋时捋之，该挤时挤之，该按时按之。如这四种劲用得不得心应手，那就要在明师指导下单独操练，才能达祖师"须认真"的嘱托。

"上下相随人难进"，在推手时如磁石般能把对方粘黏住，下肢桩功扎实，对手绝对近不了身。

"任他巨力来打我，牵动四两拨千斤"，任对方巨力来打自己，对方使硬劲向你打得越狠，他跌得越远、越重。因为太极推手讲的就是借劲打劲，关键在借，能牵动对方才能四两拨千斤，牵不动对方，四两拨不了五两。

把对方来劲牵动，才能使对手落空，落空之后轻轻一击对手就能使其跌出丈外，所以说"引进落空合即出"，引进了，落空了，合了，就能发放出去了。

"粘连黏随不丢顶"，粘连黏随这四个字，许多人往往用不上，其原因是四正手的功夫差。经常练四正手，在明师的指导下，才能练好粘黏劲。有了粘黏就能不丢不顶，不偏不倚。推手高手能将对方粘黏住，如膘胶粘上一般，休想逃掉。如同木板缝粘得很严实，有膘胶粘的地方也不会断裂。有了如膘胶般的粘黏劲，何患不能制约对手。当然写这一段最精彩的是李亦畲先生所写的《打手走架行功要言》，同道不妨去认真研读。

太极传承考证

张三丰拳法资料记载探究

一、有关资料记载

据祇园居士所著列传《微异录》记载:"张邋遢名君实……自号保和容忍三丰子。手执刀尺,寒暑惟衣一衲。"说明张三丰祖师会武术。

《三丰全集·古文》中载:"三丰先生常携刀尺以遨游,空乎两大,浩乎十州。客有怪者,不知其由。先生乃为之赋曰:是刀也,能开混沌……度龙门之万仞,如虎剑之两条……刀兮,刀兮,妙之又妙。"说明张三丰会武术,且精于刀剑术。

"王渔洋先生云:拳勇之技,少林为外家,武当张三丰为内家。三丰之后,有关中人王宗,宗传温州陈州同。州同明嘉靖间人。故今两家之传盛于浙东。顺治中王来咸,字征南。其最著者,鄞人也。两窗无事,读《聊斋》李超始末,因识于后。又云:征南之后,又有僧耳、僧尾者,皆僧也。"这证明张三丰祖师不仅会武术,且是内家拳创始人。

《张松溪传》载:"张松溪,鄞人。善搏,师孙十三老。其法自言起于宋之张三丰。三丰为武当丹士,徽宗召之,道梗不前。夜梦元帝授之拳法,厥明,以单丁杀贼百余,遂以绝技名于世。"此又证明张三丰祖师武艺绝伦,名冠当时。

《王征南墓志铭》载:"少林以拳勇名天下,然主于搏人,人亦得以乘之。有所谓内家者,以静制动,犯者应手即扑,故别少林为外家。盖起于宋之张三丰……三丰之术,百年以后,流传于陕西，而王宗为最著。温州陈州同，从王宗授之，以教其乡人，由是流传于温州。"这又证明张三丰祖师不但会武术，而且自成一家，为内家拳法创始人，此以静制动之术，应手即扑之招，和杨式太极推手之法、太极拳散手之法，完全相似。

二、宋唯一《武当丹派剑术系谱序》记载

三丰祖师，籍辽东，姓张，名金一，又名君实。时人因其形状邋遢，号为邋遢张。赵宋时，徽宗诏之。因北方多匪，道梗不得前，祖师以剑飞击之，群盗尽歼，故以剑术名于世也。嗣后，至元顺帝时，祖师在武当山收弟子八人，嘉靖时游四明山，续传张松溪一名，前后共九人，成为三乘九派焉。松溪列下乘第九丹字派之一也。其后代有传人，至前清同治八年，鄙人受野鹤先生教育，遂留下武当丹字派八家之系谱。今日原原本本详为叙出，俾学者知武当内家剑术之源流耳。是为之序。

第一家张君剑谱

张松溪，河南登封县人，明嘉靖间技击家之最著名者也。偶游于四明山（按：此山凡280峰，四面形胜，各有区分，群峰中有分水岭，石窗四面玲珑，中通日月星辰之光，因亦名四窗，故曰四明也），见一道士行水上，趋过分水岭，异之。因近前为礼，约坐于石，见其人飘然若仙，谈诸理，有叩则鸣。研究武术，闻求与交手，慷慨不吝。于是各跐地步，方一举手，道士不见，似觉有物附脑后，左右闪摆不能脱却。许时，觉是道士，随想用手挥去，无奈屡捣不着，又使玉环飞脚踢去，反被道士托住脚跟，将张君掀翻伏地。道士上前谢曰："孟浪孟浪，君其勿怪。"张君知道其非凡人，因拜为师。问其道号，道士曰："吾非他，乃世传之三丰也。"遂留张君于四明山，在彼学剑。后二十五年入嵩山，毕传九转还原之功，道号丹崖子。其后开传，名为武当下乘

丹字第九派，四明内家之剑术也。

第二家赵君剑谱

赵太斌，泰安县人。武技绝世。明万历九年，立擂于泰安，三月未逢敌手。张君丹崖子闻之，登台交手。赵君被点一指，痛彻于心。张遂去，赵忍痛尾之，遇于郊外，叩拜为师。张以手点尾闾穴，心痛始愈。并言："此是武当三丰祖师之传。鄙人何敢为师，君欲学之，后以师兄呼之可也。"因以剑术授之，时赵君30岁，入泰山（泰安县北）练剑数载。及三传九转还原功毕，号曰丹云山樵。此赵丹云剑术之本末也。

第三家王君剑谱

王九成，湖北均县人。武术家之杰也。平生落拓不志，遇京大贾，每行喜与王俱，途中恃以无恐。清顺治元年，估客假以赀，邀同贩鬻。王复自整其囊，贩货南洋，匹马出都。一日行至半途，遇二暴客驰出，持兵器以相向。于是王亦持兵交手，及几败去。突于林中飞出一人，仗剑一击，则二暴客鼠窜远扬。王遂趋迎是人，恭敬为礼，叩请大名。其人自言姓赵，丹云山樵即其别号。王求拜以为师。赵曰："余不敢当，如必相从，君以师兄呼之可也。"乃授以剑术，时王28岁。遂入武当练剑数载，及三传九转还原之功毕，号为武当丹绪焉。

第四家颜君剑谱

颜昔圣，湖南衡山县人，素有才名。因赴北斗，错过宿头，天色将晚，见路旁塔影当空，松声在耳，知有吉刹，乃入寺觅僧求宿。僧首诺之，手指南舍，颜会意。启扉见已有士人先居于此，颜告以意，约以同榻。是夜月明，清光似水，促膝殿廊，各展姓字。士人自言王姓，字九成，湖北人氏。攀谈既罢，归舍就寝。约近更许，窗外隐隐弄影，俄近窗来窥，乃一怪物也。颜惧，方欲呼王，倏觉一道寒光，穿射窗外。颜起出户，捡取一物，近面视之白光晶莹，长三尺许。乃大奇之，因以告王。王曰："既然相遭，何敢深隐，此我之剑，我即剑士也。"请拜而为师，王允之。授以剑术，第命呼以师兄，而不居师长之名耳。时颜君21岁，即康熙二十年也。复入衡山练剑数载，及三传九转还原功毕，号称定丹叟。

第五家吕君剑谱

吕十娘，浙江鄞县人。虽是女流，素性好武。伊父名士也，字晓村，与颜昔圣有旧。一日，颜约吕同游，雪地而归，见踏雪无痕，异之。问其故，答曰："既系莫逆，何敢深隐，我剑士也。"吕归，命十娘拜而为师。颜乃授以剑术，惟不令以师呼之。时十娘15岁，即康熙三十九年。父携入四明山练剑数载，及三传九转还原功毕，号丹霞客。

第六家李君剑谱

李大年，陕西华阴县人。早孤，绝慧。清乾隆二年，吕君丹霞客访友至华阴，路遇大年。乡人代言其苦，吕闻之感叹不已。时大年9岁。吕携之入四明山练剑数载。及三传九转还原功毕，号曰金丹赤子。

第七家陈君剑谱

陈荫昌，安徽人。少任侠，喜拳勇。于乾隆四十八年，游历九华山。中途遇雨，夜已深，遍叩肆门，无应者。徘徊庑下，忽二扉豁开，一叟出，约客，陈从之入。求见主人，各道姓字。主人自言姓李，字大年，遂叙毕归寝。陈以新居不成寐，闻院中有步履声，起伏窗下窥之。见主人舞剑，月下一击之间，有如万道金蛇，不禁喝彩。遂启扉出拜，求主人为师。主人允诺，遂授其术，惟不准称师耳。时陈26岁，入九华山练剑数载，及三传九转还原功毕，号曰丹云旅者。

第八家张君剑谱

张野鹤，直隶曲阳县人。喜交游，所与皆名士。一日，有人告曰："子交游遍海内，皆滥交耳。有一奇人，何反不识。"问奇人为谁？曰："安徽陈荫昌者。"张闻而志之，遂备资赴安徽访问陈公。一日，游湖山之下，则见竹林丛杂，一望无际，内有羊肠曲径，盘走多时，隐隐露出竹篱茅舍，柳暗花明，恍如仙境。张因造府请谒，有童子候门，迎入。与主人接见，于是各道姓氏，且说途中不快，借庐憩息。主人欢然留宿，攀谈古今，无不通晓。叩其剑术，游谢不知。主人退后，张见案头有书。偶一翻阅，见书内有诗一首，曰："十年磨一剑，霜刃未曾试。吾问世间人，谁有不平事。"后写"丹云旅者陈书"。次日，以所见诗句问主人，主人不置词。张苦诘之，陈乃曰："剑术神奥，何敢轻言。鄙人粗知大略，不欲对人炫布也。"张于是拜求为师，陈不能却。遂传其术，惟不肯居师耳。时张25岁，即清道光十二年也。入恒山练剑数载，乃传三传九转还原功毕，号曰还丹子。

第九家宋君剑谱（牛胜先摘自宋唯一《自序》）

鄙人年方15，先大母捐馆，先大人结庐墓右，寝苫枕块，拜雨哭风。三年独处，无敢过问。一夕，有野鹤道人至庐相访。先父见其道貌非凡，殷然礼待。适鄙人省父至庐，父命拜之。道人曰："此为谁？"父曰："不肖子也。性好武，不爱读书，屡戒不悛。"道人曰："有文事，当有武备。似武亦未可少者。吾有空中妙舞剑法，原系武当内家九派三乘也。吾习下乘剑法。已传8人，再传汝已成9数也。"鄙人欣然拜受。道人当面指点，一一讲明，莫不条分缕析，了如指掌。因示之曰："是术神出鬼没，奥妙绝伦。最后，内勇功夫，实有补天之手段。子若学之，异日当有大用。"迨鄙人至16岁，立志练剑，昼夜功习，寒暑无间。一年之久，能使六尺之剑，形体飘飘，空中作舞，后因有事废学，引为憾事。

前清光绪初年，定钦差来东省练兵，聘鄙人为盛字营武技教习，嗣值甲午之役，戍军失利，三省练兵未终。厥后，育字军成。鄙人充当营带，曾在本营教练一排，尚未毕业，其时端王及荣中堂闻知，纷纷来聘。不图清帝西巡，竟作罢论。嗣后，鄙人又复染病，桑榆暮景，日迫垂危。急斯剑术未传，湮没国粹。以故奋励精神，卧病著书。不分昼夜，数日而成。惟望万世同胞，倘遇此书，各当保存，以待时焉（中华民国十一年夏历梅月哉生明宋德厚唯一氏，书成序于北镇一无虑山珣玗琪洞天）。

三、宋唯一之后的武当丹派剑术系谱

宋唯一传武当剑于李景林、丁醒华、林志远、蒋馨山、郭岐凤、李玉琳、张宪，为第十代。

李景林、林志远、李玉琳，传李天骥为第十一代。

李天骥传张继修、牛胜先以及自己的后人。

从宋唯一先师所著《武当剑谱》，得知张三丰祖师是该剑创始人，自此以后一代一代相传，至本人已是第十二代传人。

又据八卦掌名家吴俊山先生所著《八卦转掌》讲义，专门提到宋唯一来北京找董海川认同门的事情。讲义曰："八卦转掌传自董海川先生……继则有关外北镇县宋德厚字唯一者来访，自云受避月侠道人所传。先生云，此乃我之师伯。董先生即其师叔避灯侠道人所传。惟二位道人之籍贯姓名均未详。由此先生弟子始悉八卦掌之由来。据云此拳亦系武当派张三丰先师所传，由先师至董先生已传九代。"

据我研习《武当剑谱》多年，武当剑基本功左右挽手，就是八卦掌的青龙转身、青龙返道；其八八六十四手，就是八八六十四卦。由此，可证明张三丰祖师是武当剑、八卦掌的创始人。

75

四、张三丰祖师和太极拳

据杜育万先生所著《太极正宗》言："余先师蒋老夫子，原籍怀庆温县人也，生于大明万历二年（1574年），世居小留村，在县之东境，距赵堡镇数里之遥。至22岁学拳于山西太原太谷县王老夫子讳林祯。事师如父，学7年貌不稍衰，师亦爱之如子。据闻王老夫子学于云游道人，学时即告以此拳来历久矣。"

现已查明，王林祯就是王宗岳，《山西省武术名人录》也记载，王宗岳系山西太谷人，而王林祯亦系山西太谷人，王林祯号宗岳，那么王宗岳的问题解决了。张三丰传王宗岳也就有证明，王林祯学于云游道人，这云游道人即张三丰祖师。

又据许禹生先生所著《太极拳势图解》一书"太极拳流派"中说："南派内家拳，以张松溪……叶继美……王征南……甘凤池所传，此皆为南派人士。其北派所传者，由王宗岳传河南蒋发，蒋发传河南怀庆府陈家沟陈长兴……陈长兴传直隶广平永年县杨露禅……杨露禅传子健侯，杨健侯传子澄甫。"其后，杨澄甫传陈微明、武汇川、褚桂亭、李椿年及友李润如，李润如传子李天骥及杨善亭、宋子佳、黄恕民等，李天骥传张继修、牛胜先等，是为北派。

又据杨澄甫先生所著《太极拳使用法》"太极拳原序"，太极拳传自张真人，道号三峰。

孙禄堂先生所著《太极拳学》，亦说太极拳创自张三丰。

以上我举的例子，均证明张三丰祖师与武当剑、八卦掌、太极拳的密切关系，而这么多的实例均被某些"权威"人士说作附会。从古到今，比张三丰祖师名气更大的有吕洞宾祖师，还有比吕洞宾更年长的王玄甫祖师，这些先生不去附会，而偏偏去附会张三丰祖师，这说不通。据我看来，不是诸位先师附会张三丰祖师，恰恰是某些"权威"有意识、有计划地把太极拳史搅乱，使人不置可否，不明就里，如坠雾中。

而且，是陈长兴告诉杨露禅，此拳源于张三丰。如果陈长兴没说，杨露禅愣是这样告诉他的儿孙，亦是欺师行为，杨露禅不可能这么干。

再者，杜育万所著《太极正宗》书中所言太极拳是山西王老夫子林祯传蒋发，陈泮岭（民国年间河南国术馆负责人）也没提出任何疑义，承认杜育万所著《太极正宗》。

此外，从动中求静的理论上来看，杨式太极拳功架适中，动作舒缓、平和，没什么大起大落，适合动中求静的理论，且易于入静。杨式推手体现以静制动，以柔克刚，以小力破大力，以巧力破拙力，击人于丈外，而不觉被击之处有痛感。

而有些门派的推手则是以大力克小力，以刚劲克柔劲，另加上搂、抱、绊、摔、擒、拿，完全是少林功夫，和内家拳不相干。故我认为，各式太极拳均源自张三丰式太极拳。

五、研究结论

现已查明王宗岳《太极拳论》，系武禹襄得自陈清平（武禹襄找陈清平学艺时，正值陈清平吃官司，而武禹襄之兄系河南舞阳县知县，武禹襄愿意帮陈清平打官司，而陈清平的官司也确实胜了，陈清平才肯传武禹襄太极拳，并把王宗岳的《太极拳论》赠他，因当时这是不允许的，故武禹襄兄弟称得之盐店）。王宗岳的生平年代也有定论，系明万历年，而不是清乾隆年，清乾隆年的王先生系王学定先生，著有《阳符》，被误认为就是王宗岳。王宗岳就是王林祯也有定论，先生名林祯，字宗岳。王宗岳传蒋发于明万历年，王林祯学于云游道人，王林祯就是王宗岳，即云游道人就是张三丰祖师的徒弟刘古泉，也是不争事实。

当年，恩师李天骥研究此问题时因缺乏足够的证据，未作结论。如今均已得到证实，那么，其他问题也就迎刃而解了。为此，我归纳下列实例，说明张三丰祖师精通武术。

1. 张三丰祖师于明嘉靖年间在浙江四明山传张松溪武当剑；
2. 张松溪先师于明万历九年在山东泰安泰山传赵太斌武当剑；
3. 赵太斌先师于顺治元年在湖北武当山传王九成武当剑；
4. 王九成先师于康熙二十年在湖南衡山传颜昔圣武当剑；
5. 颜昔圣先师于康熙三十九年在浙江四明山传吕十娘武当剑；
6. 吕十娘先师于乾隆二年在陕西华阳遇李大年携回浙江四明山传武当剑；
7. 李大年先师于乾隆四十八年在九华山传安徽陈荫昌武当剑；
8. 陈荫昌先师于清道光十二年在恒山传河北曲阳张野鹤武当剑；
9. 张野鹤先师（避月侠道人）于清同治八年在辽宁北镇传宋唯一武当剑；
10. 宋唯一先师于1922年在辽宁北镇传李景林武当剑。1924年应李景林之邀，在天津传李景林、蒋馨山、郭岐凤、林志远、李玉琳、张宪武当剑；
11. 李景林先师于1930年在山东国术馆传李天骥武当剑；
12. 李天骥先师于1983年在北京传河北牛胜先武当剑。

以上史实说明，张三丰祖师会武术，且武艺绝伦，非是后辈能够想象的。试想修炼丹道，要比武术练功难上百倍，而张祖已练成马阴藏相之功。达此境界，太极、形意、八卦、武当剑等拳械功夫，皆为雕虫小技。

同时也说明，从张三丰祖师至李景林先师，可以说代代可考、辈辈清楚，这就有力地批驳了某些"权威"人士所谓"附会"之说。

2006 年 5 月于北京

张三丰身世及功法传承探究

提起张三丰祖师,在武术界可说是无人不知、无人不晓。原因一是传说,二是小说,三是影视宣传。可一旦较起真来:张三丰祖师是哪里人,谁的后代,练的是什么功夫,师父是谁,恐怕百人中也无一二人知晓。为了让大家能够较为深入系统地了解张三丰祖师,我们一起凑材料、找依据,就有可能凑出一个比较完整全面的材料来。今天,我先把自己掌握的材料整理出来,以求抛砖引玉,不当之处请大家指正。

一、张三丰祖师家史

据汪锡龄先师所著《三丰先生本传》记载,三丰先生姓张,名通,字君实,先世为江西龙虎山人,故自称为天师后裔……(引自《三丰全书》第4页"三丰先生本传")。天师指的是张道陵,而张道陵系汉张良(子房)第九世孙。《三丰全书》第247页"时地"介绍,先世汉时留侯张子房,世居沛国丰邑。九世孙道陵天师,寓江西信州龙虎山,遂以道传其家。裔孙裕贤,宋时人也,南渡末自迁辽东,生子昌,昌生三丰(见《子房世家》及《三丰本传》)。

又据留侯世家载,不疑嗣为侯,生二子,曰典,曰高。典生默,默生大司马金,金生阳陵侯千秋,千秋生子嵩,嵩生壮、讚、彭、睦、述,其后多以功烈著。高生通,通生无妄,无妄生里仁,里仁生浩,浩生刚,刚生翳,翳客于吴之天目山,妻林氏生道陵,后回沛郡,后寓信州龙虎山(见《三丰先生全书》第

248、249页)。

根据这些资料我们得知，张三丰祖师是张天师道陵的后裔，而张道陵天师又系汉张良第九世孙，那么张三丰祖师系汉张良的后裔无疑。张三丰祖师的家世问题解决了。

二、张三丰祖师的名字问题

关于张三丰祖师名字的问题，从古至今流传着不少说法，有说叫张三峰（山峰的峰）的，有说叫张山峰的，有说叫张三丰的，那么究竟是哪个名字呢？这个问题《三丰全书》里早已解决，只是"十年浩劫"后《三丰全书》在国内基本绝迹。我手头的《三丰全书》，是我的学生赵川翔2003年从我国台湾带过来的。书中记载，辽阳懿州张三丰，原名张三峰，修炼丹道，炼的是内丹——精气神自家水。与其同期，福建邵武也有个张三峰，修炼采战术，炼的是外丹，烧的是真铅真汞。为了有所区别，辽阳懿州的张三峰只好改名为张三丰。这个张三丰，就是丹道祖师。

《三丰全书》第248页"名号"一文中说，先生常自言云，吾之名号，多与古人同，知之即改，与心乃安，以故渺渺无定也。一名通，与本支远祖高公之子同；一名金，与别支远祖汉大司马同。均见留侯世家。一名思禄，与元玉笥生同；一名玄素，与唐太宗时言官同；一名玄化，与葛玄弟子同，因就两名中各取上一字，为玄玄子，又与太上圣号同，乃更名山峰，又与复阳子同，复为三峰，又与采战者同，殊可笑矣。但此三峰之字，传呼已久，不欲再行更改。固忆乾爻之连，而有坤爻之断，不足以还纯乾也，乃从坤土之中，植一根浩然正气，补其断而全其一世。自今以往当改名全一，字三丰，名号于是大定。他貌容疎野，不修边幅，世人呼为张邋遢者，乃千古独得之奇，有一无二之作也（见《洞天记》）。以上资料解决了张三丰祖师的名号问题，张三丰祖师把名号由来讲得清清楚楚明明白白，无须再作何解释。

三、张三丰祖师功法学于哪位祖师

上面解决了两个问题，下面要解决的是张三丰祖师功法学于哪位祖师的问题。《三丰先生本传》中说，张三丰祖师67岁在终南山遇火龙子，受以大道。火龙子究竟是谁呢？《三丰全书》第8页："火龙先生，希夷高弟子也。隐其身，并隐其姓名。其里居不可考，即以天地为里居；其事迹不多著，即以潜德为事迹也。《神仙鉴》亦只记其号，状其为物外风仪。此益如赤松黄石也，只知为古仙耳，隐居终南，故称终南隐仙，或曰贾得升先生是也。"贾得升有诗曰："道号偶似关火龙，姓名隐在太虚中。自从度得三丰后，归到蓬莱弱水东。"

由此我们得知张三丰祖师的师父是火龙子贾得升，贾得升的师父是陈希夷老祖。那么陈希夷老祖的师父又是谁呢？

据《三丰全书》中《海山奇遇》一书，第359页中记载吕祖同海蟾度陈希夷：雍熙间，吕祖同刘海蟾西游华山，教希夷出神秘诀[①]，希夷名抟，字图南，亳州真源人也。唐长兴中进士第，游四方，有大志，见世运衰微，喟然叹曰，时不可为也。父母殁，乃散尽家资，惟携一石铛，遁入华山。周世宗高其风致，赐号白云先生。首遇海蟾授以道要，麻衣子传以相法[②]。次遇孙君仿，劝隐武当，久之复归华山，居云台观。常乘驴游华阴，闻宋太祖登极，拍手大笑曰，天下自此定矣。帝手书诏召之，辞曰九重仙诏，休教丹凤衔来，一片野心，已被白云留住。帝咨嗟不

注①出神秘诀，妙成子曰：出神秘诀是道家修炼的上乘功夫，未修至温养道胎，不能得出神秘诀，修至温养道胎，没有出神秘诀，会前功尽废。由此可见出神秘诀的重要性，没有口诀出不了神。但出神秘诀我不能写在此处，请原谅。

注②麻衣子传以相法，妙成子曰：麻衣是指麻衣道人李和祖师，麻衣善看相，传有麻衣相书。陈希夷祖师的相法学于麻衣道人李和祖师。

已。高隐华山自称莲峰道士，恒卧不起。吕祖与海蟾时往过之。吕祖赠以诗云：莲峰道士高且洁，不下莲宫经岁月。星辰夜礼玉簪寒，龙虎晓开金鼎热。并勉其及时温养，借睡全真。宋太宗累遗便传命入朝，抟不得已，应召出山，至京师藏真不露。帝大喜，谓宰相曰："陈抟独善其身，不于势利，可谓方外高士矣。"赐号希夷先生，放还。吕祖与海蟾麻衣复往过之，教以出神之法③，希夷敬受焉。或问先生居溪崖，寝止何室。希夷笑吟曰："华山高处是吾宫，出即凌空跨晓风。台榭不将金锁闭，来时自有白云封。"端拱初，忽遗门人火龙子贾得升，凿石室于张超谷。既成，造视曰："吾其归于此乎。"端然坐化④，有五彩祥云封谷口弥月，历一百一十八岁。以上可证，张三丰祖师学于火龙子贾得升祖师，而历史上有两个火龙真人，另一位是火龙真人郑思远祖师，号为小祝融。郑思远系葛云祖师的弟子，曾授天遁剑法于吕洞宾祖师。

四、张三丰祖师修炼的是哪一派功夫

修炼功夫门派颇多，古曰道发三千六百门，门门都知一苗根，唯有些子玄关窍，不在三千六百门。这些子玄关修炼自古至今名曰先天金仙大道，又曰龙虎大还丹，又曰周天火候，又曰天元丹法，又曰性命法诀。我父亲的新观点称作"性命双修养生延

注③教以出神之法，妙成子曰：前面吕祖与海蟾祖师授陈希夷道要，即修炼的要领，后又传其出神秘诀，最后又传出神之法。这是一系列的道家修炼秘法，就是写出来外行也看不懂。我只讲出神，有出神景，出神口诀，出神之法，出神后又有许多功夫，恕不能尽言。

注④端然坐化，妙成子曰：修道修到相当的程度，大限已到，修道行撒手闭气之法，修佛行撒手比丘之法。用此最上乘的方法而走，有称坐化，有称尸解。这撒手法是道功的绝密。如六祖慧能，行此法至今蜕在南华寺，如丘祖行此法至今留蜕白云观，以及我师爷千峰老人，我父亲玄金子，均行此法而走。如果他们身中有舍利子，行此法后将是异香满室。如有舍利子，身体也不会腐烂。惜此法我只能写出名字，而不能奉告。

寿法"，我起名曰道家养生功，名目繁多，但根是一个，统归祖师老子所传。而实际老子祖师也有老师（日后再专讲儒、释、道三大派，如孔子有老师，如释迦牟尼有老师等等，今天专讲张三丰祖师）。老子祖师之先天金仙大道，有两支：一是隐仙派，一是少阳派。隐仙派始祖尹喜，隐关令，隐太白，传麻衣道士李和；麻衣隐石堂，隐黄山，传陈希夷；陈希夷隐华山，传火龙子贾得升；火龙子隐终南山，传张三丰；张三丰隐武当山，此乃隐仙派。少阳派即王玄甫祖师，字少阳，传钟离权祖师，钟离祖号正阳，传吕洞宾，吕祖洞宾号纯阳，传王嚞，王祖号重阳，钟吕二祖传刘操，刘祖号海蟾，时称北五祖，又为少阳派。王祖重阳传邱处机，号长春，开北派七真人，即马丹阳、孙不二（女）、刘处玄、谭处端、王玉阳、邱处机、郝大通。

南派五祖师系刘海蟾所传，如张伯端、石杏林、薛道光、陈泥丸、白玉蟾，加彭鹤林、肖紫虚二位祖师，又称南派七真人。不同的是北派七真人均出自王重阳祖师一人所传，七真人系师兄弟。而南派则是一代传一代，七位真人系七代，每位真人代表一代。

刘海蟾祖师又传陈希夷，陈祖传火龙子贾得升，火龙子传张三丰祖师。以上资料证明，张三丰祖师既是隐仙派又是少阳派。

五、张三丰祖师修炼到的最上乘功法

上面解决了张三丰祖师的师承和派别的问题，下面要介绍一下张三丰祖师修炼至最上乘功夫的问题。汪锡龄先师在《三丰先生本传》中介绍，张三丰祖师67岁在终南山遇火龙子先生传以大道。在第四个问题中我已介绍了什么是大道，在此不再重复，下面我介绍这大道修炼的功夫是什么。

金丹大道有四大手功夫，一是下手炼精化气，二是转手炼气化神，三是了手炼神还虚，四是撒手炼虚化无。我师爷千峰老人把这四大手的每一手功夫分成四步,四大手共十六步全诀全法。我父亲玄金子牛金宝先生用最现代的语言解释了古老的修炼功法,并把修炼功夫一步一步地按顺序叙述清楚,而且打破了陈规把古老的修炼功夫传给我们兄弟,因为这种功夫过去是不允许传给儿子的,尤其是人的生理现象父传子有碍口的地方。我父亲就破例传给我们兄弟,并让我和弟弟拜父亲为师。我们不但是父亲的儿子,同时也是父亲的徒弟,并在他的著作《性命双修养生延寿法》一书"三、道教龙门派本支历代简介"最后一段的第二行中说:"过去这种功法,是父不传子,现在我已打破这一常规,只要是热衷于养生之道者人人可传。"并赐我千峰法号妙成子、龙门法号来阳。所以,张三丰祖师所修炼的金仙大道功法,从首步到最后我都能说清楚。

  修道与我们上学、练武术的道理是相通的。上学是从小学到中学,由中学到高中,由高中到大学,一步一步、扎扎实实地修炼到大学毕业。如果小学功课不行,上不了中学,中学功课不行,上不了高中,高中功课不行,上不了大学,大学没有学位毕不了业,更成不了硕士、博士乃至院士。练武术也是如此,基本功不行,练不出功夫来,如果桩功没练好,练多少拳套也没用,桩功扎实了,才能一步一步达至上乘。修炼道功亦如此。没有首步入静的功夫,一切全空。光凭讲故事、写文章、造舆论、包装自己,早晚全得露相,只能得逞一时。不管搞哪行哪业,没有真才实学,绝对不行。现在出了不少假气功师、假武术师、假专家、假教授、假名牌乃至假药、假烟、假美人、假学历等等,甚至假老道、假和尚,一句话,假的就是假的,绝对真不了。练武术有练武术的检查方法,炼道功有炼道功的检查方法。如练武术的应该一个桩功站在那,一般人推不动、拉不动,抬不起你的胳膊来,这叫有真功夫。修炼道功者则是,两眼不花,鬓白转黑,齿落重生，这还是一般功夫，更高深的应是天人合一。张三丰祖师已达到或接近我讲的这些功夫。汪锡龄先师所著的《三丰先生本传》载，山居四载功效寂然⑤……闻近斯者，必须法财两用⑥。……泰定甲子春。南至武当调神九载而道始成⑦。

注⑤功效寂然，妙成子曰：功效寂然是已达初期入静的功夫。初期入静居于道功四大手中的第一手，下手炼精化气中的第一步功夫。没有这步功夫，其他均没有，有了这步功夫才是筑基的开始。

注⑥法财两用，妙成子曰：修炼大道，必须具备四个因素。一是得修道的全诀全法（即四大手，一下手炼精化气，二转手炼气化神，三了手炼神还虚，四撒手炼虚化无）和护道大法。二是财，就是要有修炼十年二十年乃至更多时间的修炼资金，没有这些资金支持修不成道，因为修炼是不劳动的，只知修炼不知其他。三是侣，就是陪炼的道侣，男的修炼用一心向道的男子，女的修炼要用一心向道的女子，不能男修用女、女修用男，这是大忌，更不是有些人胡说的什么男女同修、男女双修，那是速死之道，与修大道无关。道侣的作用在于，伺候修道初期的饮食，不许他人来扰；同时在修炼至过大关，须有道侣帮忙，才能三车拉上昆仑顶，而后养道胎。所以道侣同样是关键，若要下大功夫入静室修炼，没有一心向道的道侣是修不成的。因为修到上乘要有人看护，有人唤醒，否则前功尽弃。四是地，修炼要找静室远离人世，才能下绝断功夫，所以不是个善地同样不成。以上是为什么要法财两用的原因。

注⑦调神九载而道始成，妙成子曰：修炼者要想修成正果，必须是一步一步扎扎实实地前进。张三丰祖师在武当山调神九年，就已说明他修道而成，这些例证《三丰先生本传》都有记载，绝非汪锡龄先生信口乱说，因为他是张三丰祖师的弟子。修至出阳神阶段的，还有太师祖柳华阳，师祖了然、了空，离我们最近的是辛亥革命时期的赵魁一师爷。其他均未达此阶段。吾师爷千峰老人赵避尘、吾父玄金子牛金室均用撒手闭气法坐化，尤其是吾父坐化时我在现场，只见他几口呼吸，头向下一低，六脉皆无了。如果不是亲眼得见，父亲当年给我讲师爷千峰老人几口呼吸，六脉皆无，我也将信将疑，直到我父亲如此，我才确信中国道家功夫有绝技，绝到一般人不亲临其境就不可能相信的程度。我父亲为传我此功夫，直等我从海南回来，让我伺候他10天，把养道胎、出阳神、撒手闭气口诀以及其他功夫尽授于我，才坐化而去。我父亲真的用撒手闭气口诀去了，我才相信这是真的，并且解开穴道还能再回来，这是外行想都不敢想的事情。可是我们的祖师们在数千年前就会此种功夫，今人却不愿相信，当然与这些功夫从来不公开也有一定的关系。如此，张三丰修炼到最上乘功夫的问题也迎刃而解了。

六、张三丰祖师生于哪个朝代

张三丰祖师诞于元定宗丁未四月初九日子午时，以此说为正（见《三丰全书》第247页），也就是说以汪锡龄先师所著的《三丰先生本传》为准）。明洪武十七年甲子下诏书见张三丰祖师时，张三丰祖师已是一百三十七岁，三丰祖师不见洪武皇帝。至永乐五年丁亥命胡濙访求张三丰祖师不遇。永乐十二年三月又命孙元虚去武当山未遇。孙元虚在武当山为张三丰祖师建宫，拜侯张三丰祖师。至次年冬张三丰祖师回武当山，此时三丰祖师已是一百六十八岁了。帝命胡广至武当山请张三丰，胡广在武当山祈祷。三丰祖师知后，藏其真身于洞中引阳神化为隐士飞入金殿，稽首阶前。帝正御朝望而异之，询知为三丰祖师，即钦问长生之道。三丰祖师曰："寡欲澄心，澹神汰虑，此陛下长生之道也。"帝曰："先生数不见朕，今何轻身至此？"三丰祖师曰："臣本野夫，于时无用，故能修辟谷出泥丸法[8]，今见陛下，乃臣之阳神耳（见《三丰全书》第245页）。"上述资料已将张三丰祖师的出生年月问题说清楚了。

以上，我从六个方面介绍了张三丰祖师的情况，难免挂一漏万。希望有兴趣者积极参与，共同把张三丰祖师的来龙去脉弄个清清楚楚、明明白白。

2006年6月于北京

注[8]修辟谷出泥丸，妙成子曰：张三丰所言修辟谷出泥丸，是真辟谷，是气满不思食之故，不是今天世上所说的假辟谷。我所遇不少人在我面前谈自己能辟谷，结果是强挨饿，并非真辟谷，真辟谷是不吃不喝、不拉不撒，少则7日多则49日，或者是3年9载不吃不喝、不拉不撒，才是真辟谷也。

武道合一探究

妙成子解《张三丰祖师参禅歌》

张三丰祖师《参禅歌》

初打坐，学参禅，这个消息在玄关。秘秘绵绵调呼吸，一阴一阳鼎内煎。性要悟，命要传，休将火候当等闲。闭目观心守本命，清净无为是根源。百日内，见应验，坎中一点往上翻。黄婆其间为媒妁，婴儿姹女两团圆。美不尽，对谁言，浑身上下炁冲天。这个消息谁知道，哑子做梦不能言。急下手，采先天，灵药一点透三关。丹田直上泥丸顶，降下重楼入中元。水火既济真铅汞，若非戊己不成丹。心要死，命要坚，神光照耀遍三千。无影树下金鸡叫，半夜三更现红莲。冬至一阳来复始，霹雳一声震动天。龙又叫，虎又欢，仙乐齐鸣非等闲。恍恍惚惚存有无，无穷造化在其间。玄中妙，妙中玄，河车搬运过三关。天地交泰万物生，日饮甘露似蜜甜。仙是佛，佛是仙，一性圆明不二般。三教原来是一家，饥则吃饭困则眠。假烧香，拜参禅，岂知大道在目前。昏迷吃斋错了，一失人身万劫难。愚迷妄想西天路，瞎汉夜走入深山。天机妙，非等闲，泄漏天机罪如山。四正理，着意参，打破玄关丹妙通玄。子午卯酉不断夜，早拜明师结成丹。有人识得真铅汞，便是长生不老丹。行一日，一日坚，莫把修行眼下观。三年五载功成就，炼成一粒紫金丹。要问此歌何人作，清虚真人三丰仙。

解注篇

初打坐，学参禅，这个消息在玄关。

妙成子解曰："初打坐"，是性命双修养生延寿法之首步功夫。我父亲玄金子牛金宝先生曰：小还虚收心求静，也可称为参禅打坐。参禅是佛家语，禅就是打坐时入静了，又称入定了。**先朴子注：六祖曰，无障无碍，外于一切善恶境界，心念不起，名为坐。内见自性不动，名为禅。**机是久静真阳无念而发，此为机。所说禅机，实际就是说打坐入静、静久而动,眼前立现一个光环，即为玄关。此玄关在身内找不着，在身外也难寻，是精炁神三家结晶的产物。我们龙门庙外秘传第六代祖师李虚庵有诗曰：一阳初动即玄关，不必生疑不必难。正好临炉依口诀，自然有路达泥丸。此玄关，是下面真阳炁发，上面眼前现出光环，是正玄关。而上面眼前有光环、下面真阳炁不发，是伪玄关，如果下面真阳炁发，上面眼前没有光环也不是正玄关。非得上下全有才是正玄关。而且玄关的出处，古曰：黄庭一路是玄关。也就是说从黄庭到祖窍，这一路都是玄关的出处。所以张三丰祖师曰："这个消息在玄关。"**先朴子注：诗云，道法三千六百门，人人各执一苗根。惟有些子玄关窍，不在三千六百门。**自古以来对玄关一窍，众说纷纭，莫衷一是。无他，皆因功夫不到，玄关不现，各人凭空想象所致。此窍既不在身内，也不在身外，机发而窍现。同时，心中有求而现之景为幻，无为自然而现之景为真。故先朴子曰，何须劳神争非是，只管功到理自明。

秘秘绵绵调呼吸，一阴一阳鼎内煎。

妙成子解曰：初打坐，要会调呼吸。即我父亲玄金子牛金宝先生所说"呼吸要深细长匀"。吸从尾闾起一直升至百会，呼从百会往下一呼到丹田，此为深。长，是将呼吸拉长。匀，则是呼和吸不能间断，要一吸，一直向上；一呼，一直向下，中间不能停顿，此为匀。那么细又如何呢？细，是细小、细微的意思。即细微得听不见自己的呼吸。呼吸如无似有，如有似无。无忘无助，方是正功。如此调呼吸，调来调去，瞬间入静了。这就是以后天呼吸，调出先天真一之炁。即老子在《道德经》中所说："常无欲以观其妙，常有欲以观其窍。"即打坐初时，入不了静。就用观祖窍法，久而久之，心中无欲。**先朴子注：有欲则观窍，使杂念归一念，一念而无念，以至无念之念亦无，湛然常寂，即老子云玄而又玄，众妙之门也。**妙就出现了，两耳哗啦一声，身体如同在云端之中，飘飘若仙，无望无我，久静而真阴从离中出，真阳从坎中现。真阴离中出，即火龙也。真阳从坎中出，即水虎也。龙虎二气、一阴一阳在鼎内交融。张三丰祖师让我们寻真人呼吸处，即上吸而不过心，下呼而不过肾，呼吸如有似无，久之即可入静。**先朴子注：秘秘绵绵调呼吸，后天气也。一阴一阳鼎内煎，先天炁也。**

性要悟，命要传，休将火候当等闲。

妙成子解曰："性要悟"，是说性可自悟，如看书、练书法、马拉松长跑、慢跑、练张三丰祖师所创太极拳，都有可能瞬间入静。所以说性可自悟，但命必师传。李虚庵祖师诗曰："识破乾坤颠倒颠，金丹一粒是天仙。要寻不必深山里，所得无过在眼前。忙里偷闲调外药，无中生有采先天。信来认得生身处，下手功夫要师传。"张三丰祖师和李虚庵祖师都强调命功必须有师传。那么什么是性？什么是命呢？性者心也，发于二目；命者肾也，发于淫根。修仙、修佛、修圣，都要先降其心。心即仙，即佛，即圣。亚圣孟子曰："人有鸡犬放而知求之、有放其心而不知求。"我父亲玄金子牛金宝先生曰："养身之道没有别的，就是把放出去的心收回来，这就是道。"**先朴子注：降其心，降的是分别心、识神。心即仙之心为自性清净的圆觉妙心、本心、元神。所谓识死性活也。识神退位，才能元神掌权。命要传，就是下手功夫，必须有明师传授。如收炁降龙、下手伏虎、五龙捧圣这些功夫，没有明师传授，是绝对不会的。那什么是命呢？命者，肾**

也；发于淫根，命就是精。陈希夷祖师曰："留得阳精，决定长生。"我父亲玄金子牛金宝先生曰："留精保命。"这留住精炁之功，就是命功。谁会留精保命的功夫，谁就是得道的高人，不能无师自通。宋张伯端祖师曰："饶君聪明过颜闵，不遇真师莫强猜。只因丹经没口诀，教君何处结灵胎。"比颜回闵子骞都聪明的人，你也猜不到修道修的是什么；大丹二十四品，还有丹经万卷，即使君能倒背如流，也不知修道从何处下手，这就是命要传的真谛。**先朴子注：性即心，命即身。身为四大假合，故修命非等同修道，证道才是终极目标。**冲虚祖师曰，仙家修道为仙，初证则长生不死，极证则统理乾坤。但命不修则无以证道，所谓借假修真也。"休将火候当等闲"，圣人传药不传火，从来火候少人知。没有火候成不了仙，可见火候之重要性。师爷千峰老人曰：火候是一总名。其实火是火，候是候也。火候有十八般名称，各有次第节序，故其功用亦皆不同，非师传则不能了然火候之真相。且药物与火候，均有次序先后，不可乱用。比如砖窑烧砖，先须将土和泥脱坯，然后入窑，经火锻炼，始能成砖。未经火炼，一遇雨天，仍化为泥。故采药必经此番火候，方能成丹，否则有坏。柳华阳祖师在他所著《金仙证论》风火经中云："凡云起火、引火、火逼行火、止火，皆为呼吸气火；凡云凝火、入火、降火、移火、以火、离火、心火，皆属神之火；凡云运火、取火、提火、坎火、坤火、水中火、炉中火，皆先天炁之火。"师爷千峰老人又曰："凡呼吸之火，能化饮食五谷之精而助元精。凡神火，能化元精而助元炁；凡先天炁之火，能化外呼吸而助元神。元神之火，能化神以还虚，四合道成，始终不离火功。故此十八种火候，非得师传，否则不能彻底明了。"所以张三丰祖师曰："休将火候当等闲。"**先朴子注：火为火，候为候。前云十八种火，皆火之辨也。候为用火之机，有六候之辨、二候之辨等，**

亦不可不知。妙成子曰："五天为一候，六候是前三，后三也。"

闭目观心守本命，清静无为是根源。百日内，见应验，坎中一点往上翻。

妙成子解曰：闭目是外闭内睁，如果全闭，而内不睁，是炼阴神而不可取，学者不可不知。凡云闭上眼，想着出什么光亮者，皆是幻觉，与修道无关。**先朴子注**：闭目为似闭非闭，微睁一线。全闭则昏沉，睁目则神散。要眼观鼻，鼻观心，心神意，守祖窍。中年人，要心神意守本命。**先朴子注**：少年与中年因破漏程度不同，观守之处亦有不同。守本命时，要清静无为，即《玉皇心印妙经》所讲"存无守有"。无为就是什么都不想，无我无他，心如寒灰，一尘不染。久静自然，一阳来复。**先朴子注**：不守则神不凝，守之过重则易头晕脑胀，皆为病也。故观守时应似守非守，若有若无。即老子云，绵绵若存，用之不勤也。南怀瑾说伍柳丹法易致人头晕血冲，说明南未识伍柳丹法之真传，亦未得道家丹法之真诀也。如此修炼，百日内必见应验。这应验就是一阳来复，即坎中一点真阳往上翻。此时不等念起，速用小周天口诀，当炼至七个小周天都降不住时，则改用无孔笛两头吹之法，又炼至七个无孔笛也降不住，则需行开通奇经八脉法，八脉开，则通身属阳，就要准备下手采小药了。**先朴子注**：肾为坎，坎中一点，即肾水中之真阳。往上翻，即阳动也。此即活子时，应速行收炁降龙之法。

黄婆其间为媒妁，婴儿姹女两团圆。

妙成子解曰：则是阴阳二炁交合、非男女之交媾淫荡也。老子祖师曰，道贱下。贱，是说着丑也。下者，即是下手去采也。

先朴子注：黄为中土为意，黄婆乃喻真意，婴儿、姹女喻坎中真阳及离中真阴。前文言首步功夫，此处讲第二步收炁降龙之法，即以真意引导阴阳二炁相合。心动收心是修性，炁动收炁、精动收精是修命。活子时如不懂收炁降龙之法，即是只知修性，不知修命也。

美不尽，对谁言，浑身上下炁冲天。这个消息谁知道，哑子做梦不能言。

妙成子解曰：不能自主。如同哑巴做梦，梦中之景，又说不出来。**先朴子注：此处描绘静极而动时之景象。**练性命双修功夫者，把静极而动、一阳炁发视为至宝。每逢阳动炁发立即收归我有，积炁养身，炁越足则体越壮。外阳动得越勤其力越大，即所谓浑身上下炁冲天也。

急下手，采先天，灵药一点透三关。丹田直上泥丸顶，降下重楼入中元。水火既济真铅汞，若非戊己不成丹。

妙成子解曰："急下手采先天"，是不等念起，立即下手去采。念一起则落后天，采之先天益于炼丹，所以要急。实际在下手前，还要勒阳关，调外药，调到药产神知。**先朴子注：前段言炁越来越足，直至二候到来，即要行第四步功夫，下手采药，炼精化炁。**用吸舐撮闭口诀、巽风、橐籥、阖辟、六候、升降、沐浴、口诀、上舌接督脉弦、下勒住阳关，使任督二脉接连。风吹火化，灵药才能一点透三关，即尾闾、夹脊、玉枕。**先朴子注：灵药即阳精也。**三关透过直上泥丸顶、下降十二重楼，上面玄膺穴对十二重楼，口对口；下面生死窍对尾闾窍，窍对窍。**先朴子注：言下手之法也。**采药归炉后，立行卯酉周天之功炼内药。进阳火，退阴符，炼内药，把坎中真阳与脑中离中真阴、二炁合一。名曰坎离交媾，水火既济。**先朴子注：此处言第六步功夫，即卯酉周天进阳火退阴符也。水指肾水为坎，火指心火为离，真铅喻坎中真阳为命，真汞喻离中真阴为性。"若非戊己不成丹"，即当采外药、炼内药的功夫都达到时，打坐时眼前就会出现一个光环，即玄关。此时心定念止，用龛聚祖炁之功，其法是：二目合并，迴光返照，照见真炁之光，盘旋于祖窍前。此炁聚而不散，越翕聚光越亮。这翕聚之光，即是戊己二土，龙虎二炁，合并成刀圭，证明金丹已结，此即"若非戊己不成丹"。**先朴子注：此处言第七步功夫，即龙虎二炁翕聚收光之法。**

心要死，命要坚。

妙成子解曰：此即蛰藏炁穴之功。用上不过心、下不过肾之口诀，对斗明星之法。久静，忽然入了窍中窍，而呼吸立断，重入胞胎，口鼻无息，六脉皆停，如气绝身死一般。此即心死神活，小定三日、七日，大定七七四十九日。我们人有生死皆因有呼吸，而修至无呼吸出入则命长，即命坚也。再炼至三年九载长一定，就是长生不老仙。**先朴子注：此处言第八步蛰藏炁穴之功夫。到此呼吸顿断，为胎息也。功夫至此，经过前七步功夫的反复采补，身上早已百病皆无，神清目明，精炁神足。见世间有诓骗之徒，戴着近视镜却表演所谓胎息，其真假不言自明也。**

神光照耀遍三千。

妙成子解曰：舍利子在下丹田，为一千；升至中丹田，为二千；由中丹田上升至泥丸宫，又是一千，共计三千。下丹田，是炼精成舍利子金丹之所；中丹田，是炼炁成道胎之所；上丹田，是炼神出胎之所，所以张三丰祖师曰："神光照耀遍三千。"**先朴子注：佛言以须弥山为中心，四周环以大海日月，为一须弥界。集一千个这样的小世界，名为小千世界。集一千个小千世界，名为中千世界。集一千个中千世界，名为大千世界。因为其中重叠了三个千数，所以称三千大千世界。此言至第八步功夫，精炁神足，神光可照遍世界。**

无影树下金鸡叫，半夜三更现红莲。冬至一阳来复始，霹雳一声震动天。龙又叫，虎又欢，仙乐齐鸣非等闲。恍恍惚惚存有无，无穷造化在其间。

妙成子解曰：道家称丹田为净土、树下、无影树，即都指此处。"金鸡叫"即脑后鹫鸣之声。又如仙乐齐鸣，左耳龙吟，嗷嗷地叫；右耳风声如虎啸之声。这一切都证明舍利子已足。恍恍惚惚，其中有物，无穷造化，都是舍利子所产生的一切现象。**先朴子注：此处言第十二步功夫，舍利养足六景现也。当精炁神三宝炼足，三花聚于顶，心肝脾肺肾五脏之炁朝元，舍利养足必然会出现六景。何谓六景？一眼前有金光，二脑后有鹫鸣即仙乐鸣，三左耳龙吟、右耳虎啸，四丹田火炽，五身涌鼻搐，六马阴藏相。**

玄中妙，妙中玄，河车搬运过三关。天地交泰万物生，日饮甘露似蜜甜。

妙成子解曰："三关"即尾闾、夹脊、玉枕。三车拉上昆仑顶，三车即羊车、鹿车、牛车。还要有道侣帮忙，还需要有法器，如硃砂、桃木剑、木来年、木底坐等等。练功时舍利子下行，过玄膺服食过关时，口内有甘露似蜜甜。**先朴子注：此处言第十三步功夫，采大药服食过大关大周天也。河车者，搬运真炁之车也。**

仙是佛，佛是仙，一性圆明无二般。三教原来是一家，饥则吃饭困则眠。

妙成子解曰：道修道，成仙；佛修道，成佛；儒修道，成圣。今天我重申，其实三家修的都是一回事。仙有五等：一曰鬼仙、二曰人仙、三曰地仙、四曰神仙、五曰金仙。佛有五禅：一曰外道禅、二曰凡夫禅、三曰小乘禅、四曰大乘禅、五曰最上乘禅。三家一理。就跟饿了吃饭、困了睡觉是一样的道理。**先朴子注：采大药服食过大关后，继续精进修炼，养胎出胎至虚空粉碎，则仙佛可成也。仙、佛、圣乃道家、佛家、儒家各自之称谓，名不同而实同也。道家之道、佛家之本心、儒家之性，皆一**

性圆明，殊无二般。如人虽不同，但饥则吃饭困则眠之常理却一致。三教名虽不同，修炼之理则一致也。

假烧香，拜参禅，岂知大道在目前。昏迷吃斋错过了，一失人身万劫难。愚迷妄想西天路，瞎汉夜走入深山。

妙成子解曰：张三丰祖师反对烧香拜佛，因为大道就在目前。道不远人，人谓道远。其实道就在自己身上，道就是性命，就是阴阳，就是精气神，不用去寻找。**先朴子注：佛亦言人人皆具佛性**。不知修炼口诀，一味吃斋，则错过一生，要知人身一失，万劫难回。人是成仙、成鬼的阶梯。原因是人身中有阴也有阳。**先朴子注：道家言，人身阴多而阳少**。用一点真阳去战群阴，最后修炼成纯阳之体，就是神仙。如不知修炼，身中群阴则战胜真阳。少而青、青而成、成而壮、壮而老、老而死之顺行，就是纯阴无阳之体，成为鬼。**先朴子注：离权老祖曰，纯阴而无阳者，鬼也；纯阳而无阴者，仙也**。如烧香拜佛，就能上西天。那么西方人烧香拜佛，又上何处呢？没有修炼口诀，只会烧香拜佛，就如同瞎汉夜里走进深山，有去无回。**先朴子注：烧香拜佛参禅吃斋，皆为形式，而非实法，不得丹法真诀，终如愚人瞎汉，磨砖作镜，不能证道也。如落入野狐禅、口头禅之境，岂不可悲乎**。

天机妙，非等闲，泄露天机罪如山。

妙成子解曰：修道之天机，不能轻泄也。见谁教谁，还有什么天机可言。要看此人之德行，无德不能载道。所以掌握修炼口诀的人不肯轻传大道，怕遭天谴。**先朴子注：六祖云，上乘法为大智人说，为上根人说。小根小智人闻，心生不信。恐愚人不解，谤此法门，百劫千生，断佛种性**。

四正理，着意参，打破玄关妙通玄。子午卯酉不断夜，早拜明师结成丹。

妙成子解曰：四正是子、午、卯、酉，子在正北，午在正南，卯在正东，酉在正西。在人身上，子是生死窍，午是泥丸宫，卯是夹脊关，酉是绛宫。卯酉通心，故在此稍停，为沐浴。曹还阳祖师曰："子卯午酉定真机，颠倒阴阳三百息。"子卯午酉为四正，是五行生死之位，具有细管均通五脏六腑，必停其息以意薰蒸，脏腑方得滋润。故丹经以沐浴为火候秘机，为炼精化炁之要诀。子卯午酉四正，有四生、四死之位，在性命双修养生功法全过程起着非常重要的作用。尤其在下手炼精化炁、转手炼炁化神的功法上，更视为火候秘机。所以张三丰祖师让我们"四正理着意参"，它能打破玄关妙通玄。"子午卯酉不断夜"，是炼内药之口诀，即下手炼精化炁后，要不停地炼内药，"早拜明师结成丹"。

有人识得真铅汞，便是长生不老丹。行一日，一日坚，莫把修行眼下观。三年九载功成就，炼成一粒紫金丹。要知此歌何人作，清虚道人三丰仙。

妙成子解曰：铅是天地之父母、阴阳之根基。采天地父母之根，而为大丹之基。采阴阳纯粹之精，而为大丹之质。汞性好飞，遇铅乃结，以其子母相恋也。神炁即性命，性命即心肾，心肾即铅汞，铅汞即龙虎，龙虎即坎离，坎离即鼎炉，千名万喻，只是"性命"二字也，这就是长生不老丹。得口诀下苦功炼，一日比一日长进。炼上三年九载就能成功，"炼成一粒紫金丹"，其寿则无穷也。张三丰祖师打坐歌，从头到尾阐述了四大手，即下手炼精化炁、转手炼炁化神、了手炼神还虚、撒手炼虚化无和十六步全诀全法。此功法名目繁多，有称周天火候，有称龙虎大丹，有称天元丹法，有称先天金仙大道，有称偃月炉功等等。**先朴子注**：三丰祖师教人得诀后要下大功夫真修行。六祖亦曰，见闻转诵是小乘，悟法解义是中乘，依法修行是大乘。

武道合一张三丰

——从道功和武术两处探究张三丰祖师

提起张三丰祖师，从宋末至元明到今天，可以说是无人不知、无人不晓，他那修道成真的传奇经历、盖世绝伦的拳剑功夫、来去无踪的神奇传说，数百年来，代代传诵。

我的父亲牛金宝，法号玄金子，是道教龙门派第十二代祖师，千峰先天派金仙大道第一代祖师。我自幼受父亲的影响，非常崇敬张三丰祖师，父亲经常给我讲张三丰祖师的故事。张三丰，人称邋遢道人，一年四季都穿同一套衣服，从不洗衣洗澡，身上也无汗臭味，冬天卧在雪地里睡觉不怕冷，夏天不论多么酷热也不见有汗。他可以许多天不吃饭，也可以一餐饭量惊人，和传说中的吕洞宾祖师一样百岁童颜，而且寿长几百岁，是一位"活神仙"。

1952年，我师从父亲的好友、著名武术家杨凤翔老师习武，杨老师也跟我讲了张三丰祖师的故事，说张三丰在武当山揉一块大石头，时间久了把石头揉成了圆球，以领悟太极之妙理。

我的恩师李天骥也经常讲张三丰和太极拳、武当剑、八卦掌的关系。下面，我简要介绍一下我所掌握了解的张三丰祖师在道功修炼方面和武术功夫方面的情况，供大家研讨。

一、相关资料表明，张三丰祖师是一位得道真人

《三丰全集》中道派一节介绍说，张三丰祖师是老子祖师的第五代传人，师承是老子传尹喜，据《道教大辞典》记载，老子

和尹喜都是公元前约 511—472 年间的人。尹喜传麻衣道人李和。《道教大辞典》记载，麻衣道人是公元 375—457 年间人。麻衣道人传陈抟祖师，陈抟祖师是五代宋初道士，公元 871—989 年间人。相传陈抟老祖善睡功，一睡就是几百年。陈抟老祖传火龙子贾得升（唐末五代人），贾得升传张三丰（宋末元明人）。

还有资料说，张三丰师承火龙子，火龙子师承陈抟老祖，陈抟老祖师承刘海蟾（刘祖是五代北宋人，为燕刘守光的宰相，遇钟、吕二祖渡之）。据说，钟、吕二祖在刘海蟾的桌上码鸡蛋，把鸡蛋码成玲珑宝塔，刘海蟾说危险，鸡蛋掉下来就摔碎了，钟、吕二祖说你这宰相就如同鸡蛋，说什么时候碎，就什么时候碎，刘海蟾从此顿悟弃官逃走，吕祖传以金仙大道，刘海蟾祖师修炼而成道。后传张伯端，成为南派鼻祖。

《三丰本传》载，张三丰家中有丧事，回辽阳奔丧。"终日哀毁，觅山之高洁者营厝。甫毕，制居数载，日诵洞经。候有丘道人者叩门相访，剧谈玄理（道家修炼之学又称玄学），满座风清，洒然有方外之想。道人既去……"张三丰祖师把家务农事安排好，而后离家出走，云游访道。丘道人即丘长春祖师，道教龙门派的创始人，丘祖师承王重阳祖师，王祖师承吕洞宾祖师，吕祖师承钟离祖师，钟离祖师承王玄甫，王祖师承白云上真祖师，白云祖师承金母元君祖师（金母就是我们常说的王母娘娘，瑶池圣母），金母祖师师承老子祖师（其实老子祖也有师承，但我今天只介绍到老子，老子以上的师承以后再写）。我本人是丘祖所创龙门派第 13 代传人，我在来字辈，法号来阳。丘祖立 40 字为 40 代，这 40 个字是"道德通玄静，真常守太清。一阳来复本，合教永圆明。至理宗诚信，崇高嗣法兴。世景荣惟懋，希夷衍自宁"。现在 40 个字已经不够用了，武当山道士又补上 60 个字，我日后再找时间介绍后 60 个字。

还有资料显示，火龙真人和吕祖相互学习，吕祖教火龙真人金丹口诀，火龙真人教吕祖天遁剑法，据此我推断张三丰祖师也会天遁剑法（这个火龙真人是郑思远，不是火龙子贾得升）。

以上我从四个方面介绍了张三丰祖师的师承关系，这四个方面最后又都归到老子祖师那里，这就可以说明，张三丰祖师确实是老子祖师的第五代、第九代传人。那么老子祖师究竟传的是什么功理、功法呢？我的回答是，老子祖师所传的功理、功法是"先天金仙大道"，又称"周天火候""龙虎大丹""天元丹法""金丹口诀""大丹秘指""性命圭旨""天仙证理，仙佛合踪"，又称我师爷千峰老人所著的"性命法诀明指"，又称赵魁一师爷所著的"卫生三字经"，又称我父亲所著的"性命双修养生延寿法"，又称我所编著的"道家养生功"，等等。

此功法有四大手，即下手炼精化炁、转手炼炁化神、了手炼神还虚、撒手炼虚化无。这第一手"下手炼精化炁"，如同小学基础；第二手"转手炼炁化神"，如同中学功夫；第三手"了手炼神还虚"，如同高中功夫；第四手"撒手炼虚化无"，如同大学功夫。这四大手和佛家四禅是一回事，只是称呼不同。佛家四禅是凡夫禅、小乘禅、大乘禅、灭尽禅。我太师祖柳华阳是和尚，学于龙门第八代祖师伍守阳（字冲虚），柳祖又称这四大手为：如下手时有和合真种之功、如转手时有修炼舍利之功、如了手时有涵养圣胎之功、如撒手时有九年面壁之功（见柳华阳祖师所著《慧命经》）。佛家称慧命，慧命功法被六祖慧能带走后，未能传承下来。道教称性命，这性命真功又由龙门第四代祖师周大拙（法号玄朴）带到庙外，历经九代传至我。

上面，我介绍了张三丰祖师的师承关系，有了师承关系才能断定张三丰祖师修炼的是什么功法。汪锡龄先师在《三丰本传》中介绍说：延佑元年，年六十七岁始入终南得遇火龙子，传以大道。说明张三丰祖师修炼的是先天金仙大道,而张三丰祖师的打坐歌和天根树,也都证明张三丰祖师修炼的是此功。这么一来,张三丰祖师的师承清楚了,张三丰祖师修炼的功法也清楚了。那么,汪锡龄先师所写的《三丰本传》就是真实可信的。汪锡龄先师是张三丰祖师的弟子,弟子写老师八九不离十,如同我写我父亲的传、写我老师的传一样,应是比较准确的。因此,对汪锡龄先师所写的《三丰本传》应加以肯定,后人不应胡猜乱想,更不应加以歪曲、指责。而某些"权威"人士,一不懂张三丰祖师的历史,二不懂张三丰祖师的师承关系,三不懂张三丰祖师修炼的是什么功夫,就主观武断地攻击汪锡龄先师的《三丰本传》,显然欠妥。

二、张三丰祖师得道成真的功法问题

张三丰祖师67岁入终南山,遇火龙子贾得升,传以大道,上面我已解释了大道的许多名称,不再重复。山居4年,功效寂然(一心入静,苦修4年),内行均知,修大道必须从收心求静入手,修炼得由静到动,不是全身乱动,而是身中一点真阳在动,逢动就得会收,不会收等于白炼,先动由小周天收炁法收之,炼至七个小周天都收不回,再改用无孔笛收之,又炼至七个无孔笛都收不住,再行开通奇经八脉,八脉开通,准备下手采药。这就是"下手炼精化炁"。采药归炉后,要会提炼渣滓,提完渣滓,要会卯酉周天,卯酉周天为炼内丹,炼完内丹要会看丹足不足,要会收光法,收完光要会蛰藏,小定七天,大定七七四十九天,此为"转手炼炁化神"。能大定,就能真人呼吸,不用口鼻,行大周天蒂踵呼吸,会蒂踵呼吸还得会点穴固丹之法,否则丢丹,等于白炼。会点穴固丹之法,就会在练功中虚室生白(即在入静的黑暗当中,忽然白光一现,屋中之物看得清清楚楚），此时已知该行下步功夫，叫作六根震动，把丹震出拉上昆仑顶，这几步功夫就为"了手炼神还虚"。三车拉上昆仑顶后还要运至绛宫，在绛宫涵养十个月为养道胎，胎足雪花纷飞，是出神景，要会口诀出阳，又谓调神，调神三年老成，就可万里之外云游，最后再将此收回壳内修炼，直炼至四大崩毁，完全成为灵气，这就是"撒手炼虚化无"。至此，再无别的功法。

以上我简单地介绍了四大手修炼的全过程，是为了让大家了解张三丰祖师修炼到什么阶段，才能知道某些"权威"人士为何错了，错在哪里。

张三丰祖师修了4年后，奉师命出山修炼，南至武当山，在武当山调神九载而道成。前面我已介绍了调神出壳的情况，张三丰祖师已经道成了，说明阳神已经老成，而自身已经炼至马阴藏相，佛称"漏尽通"。炼至马阴藏相，就是阳关已闭，由一闭，再得一闭，则身具六通。漏尽通后，行家能识别，即一般人常说的"真人不露相，露相不真人"。也就是说炼至马阴藏相，人的生理起了变化，在脸上看得出来，所以，不少人说自己炼到什么程度，我一眼就可看透（我在广州就遇上一位自称已炼至马阴藏相者，我道出他的真情，他大吃一惊，便立即叫我老师，虽然他从来不称别人为师）。

接谈正文，张三丰祖师道成后，又去秦蜀之地，由荆楚之吴越，侨寓金陵。在金陵遇沈万三，传以丹道（即金仙大道）。另有记载，其在金陵时和朱元璋的外甥李文忠关系很好。张三丰祖师善画，经常给自己画像，但画一张焚烧一张，后被李文忠硬扣下一张，不让焚烧，存在家中（几百年后的新中国成立之初，我的恩师在查找资料时发现此画像，当即拍摄下来，这就是我恩师所编《武当绝技》一书封面上所采用的张三丰祖师自画像，险些毁于"十年浩劫"之中）。

后，张三丰祖师在武当山又收道士邱元靖为徒，他日入成都劝说蜀王椿入道，蜀王不听。张三丰祖师退还襄邓间，此时更是踪迹莫测。朱元璋几次召见，不赴。至汪锡龄先师在剑南，洗足剪甲，拈香七日，在奇峰异水间，遇张三丰祖师。祖师收其为徒，又给汪锡龄秘招一章及捷要篇二卷，让其照法修炼。

针对汪锡龄所著的《三丰本传》的重要问题，我都根据我的体会给予了解释，而本传所记载的情况均证明，张三丰祖师修炼已达真人境界。

宋张伯端祖师早就告诫我们后人，内行说"饶君聪明过颜闵，不遇真师莫强猜。只因丹经没口诀，教君何处结灵胎"。我师爷千峰老人说"得诀好看书"，没有得诀看不懂丹经道书。我父亲玄金子牛金宝先生也告诫我们"大丹二十四品，丹经道书，倒背如流，首步功夫在哪？"某些"权威"人士之所以犯错，就是犯了强猜之病。如果不懂口诀，只认识文字，肯定是看不懂书的，就是聪明绝顶的颜回、闵子骞也猜不着。什么是法能降龙、诀能伏虎，这只有行家才看得懂；什么是勒阳关、调外药，调到药产神知；什么是宝剑插在三江口，管叫黄河水倒流。别说某些"权威"人士看不懂，就是当今的专家、学者、院士、博士，不懂口诀也同样看不明白。这就是"隔行如隔山"的道理，外行强猜内行的专题学术，自然会犯错误、闹笑话。

三、张三丰祖师创立拳道合一之说

张三丰祖师强调："必须拳功并练，盖功属柔，而拳属刚，拳属动，而功属静。刚柔相济，动静相因，始成太极之象，相辅而行，方足致用。"

张三丰祖师所指的拳，是七十二路太极拳，功指的是先天金仙大道之功，即下手炼精化炁、转手炼炁化神、了手炼神还虚、撒手炼虚化无，两者必须并练。但从张三丰祖师创拳至今，知练太极者多如牛毛，知修四大手者稀如麟角。也就是说，代代讲内外兼修，谁也不清楚什么是内外兼修，内外怎么兼修。这也可能是祖师有意这么做，让后人不知怎么内外兼修，为什么？因为绝大多数练太极拳者不是道观里的道士，所以不可能知道内外兼修。请我们练各式太极拳的朋友们琢磨思考，各门各派太极拳师谁传了下手炼精化炁，谁传了转手炼炁化神，谁传了了手炼神还虚，谁传了撒手炼虚合道，传了这四大手，才算知修内的全诀全法，没得到，就是只知修外而不知修内的功夫。请问修内的功夫哪派太极拳有？所以，我看了几十年各门各派的太极拳，没一家有这种修内功夫，就是争自己的祖先是创太极拳的始祖的门派，也不知这种修内的功夫，足见太极拳不是他们的祖先创的，而是张三丰祖师创的。我根据父亲玄金子牛金宝先生传我的道教龙门派性命双修养生延寿法（即四大手、十六步全诀全法），解决了张三丰祖师所说的修内问题，又根据恩师李天骥传我的太极拳、剑和太极推手以及形意拳、八卦掌、武当剑，又解决了修外的问题，两者结合成为内外兼修的太极拳、形意拳、八卦掌、武当剑。这也算是我修炼性命双修养生延寿法和练太极拳、形意拳、八卦掌、武当剑几十年的总结。

张三丰祖师在创拳初期就指出："人之生世，本有一无极，先天之机是也，迨入后天，即成太极。故万物莫不有无极，亦莫不有太极也。人之作用，有动亦有静，静极必动，动静相因，而阴阳分，浑然一太极也。人之生机，全持神气，气清上浮，无异于上天，神凝内敛，无异于下地。神气相交，亦宛然一太极也。故传我太极拳法，即须先明太极妙道，若不明此，非吾徒也。"

祖师早有明训，而我们有许多所谓专家、教授、名教练、名运动员根本不明就里。故而，谁明太极之理，谁知内外兼修，谁就是张三丰祖师的徒子徒孙。反之，不知道这些拳道之理的，张三丰祖师是不承认的。知不知内外兼修，是知不知太极妙道的分水岭、试金石，谁真谁假，不言自明。有机会，我会撰文专门研讨这个问题。

2006 年 11 月于北京

香道人物軼事卷

"铁臂苍猿"李玉琳轶事

李玉琳,字润如,生于1885年,卒于1965年,河北安新县白洋淀圈头村人。先学艺于"单刀"李存义。

少时,每去鄚州镇升祥镖局学拳,要从本村划船7华里,还要走7华里旱路,往返28华里,可见求艺之艰难。本村表叔郝恩光,字海鹏,亦系李存义之得意弟子,见李玉琳求艺心诚,便主动提出教他习武。李玉琳大喜过望,便拜表叔郝恩光为师,专心致志学练武艺。

变卖家产义葬恩师

后来,郝恩光先生应邀去吉林省宁安县任保安团副团长。一日,胡子(土匪)进县抢劫,郝恩光先生带头冲锋打退胡子。在追赶胡子时,被藏在夹皮墙中的胡子看见,胡子拆掉夹皮墙中的活砖,瞄准郝先生就是一枪,打中郝先生胳膊。郝先生被团丁救回。三日流血不止,大笑而亡。噩耗传至白洋淀圈头村,李玉琳得知后,变卖房地产,奔丧吉林省宁安县,将师父郝恩光的灵柩运回白洋淀圈头村,大办丧事七天,挂大鞭从村南放到村北。武林各界人士均来吊唁,其中有孙禄堂、尚云祥、李星阶等。丧事办得比地主富豪家还要有体面,打动了到场的各路武林豪杰,一时传为佳话。但自此,李玉琳的家境从殷富之家变成了穷困之户。

虎头少保感动收徒

此事也感动了有"虎头少保、天下第一手"之称的孙禄堂先师。他回到北京对同门师弟李星阶说:"海鹏有徒也。你代我转告李玉琳,如果他不嫌弃,我愿替海鹏代教。"李星阶说:"孙师哥从不主动收徒弟,今天怎么了?"孙禄堂先师连说:"海鹏有徒也,海鹏有徒也。"李星阶辞别孙禄堂,前往天津中华武士会。见到李玉琳便说:"玉琳啊,孙师哥要收你这个徒弟,你赶快去北京找他。"于是李玉琳赶到北京孙禄堂家,进门纳头跪拜。孙禄堂说:"改日在天津武士会正式收徒,你和大家一起拜师。"为此,李玉琳找李星阶先生说:"我拜师办不起酒席。"李星阶先生说:"你就买两支蜡吧。"举行完拜师仪式,李玉琳岁数最大,为大师兄,并搬进天津孙禄堂先生家住。

事师如父真传苦练

一日,孙先生教大家练拳,李玉琳问孙先生说:"师父,这崩拳怎么用?"孙禄堂说:"你伸手。"李玉琳便伸出一手,只见孙禄堂举手向下一砍,手掌砍在李玉琳的胳膊前臂上。孙禄堂说:"好,够你受的了。"到了晚上,李玉琳的胳膊肿了,便去找师父。孙禄堂捋着胡子说:"有感觉了吗?"李玉琳说:"胳膊肿了。"孙禄堂说:"你今晚不来,明天五毒攻心就得死。来来来,我给你开个药方,连夜熬药擦洗伤肿之处。"

此后,冬天每晚睡觉前,李玉琳都给师父暖被窝,孙禄堂先生入睡时,李玉琳都会给师父暖脚,待师父脚热了,自己才去睡觉。每天早餐又由李玉琳的儿子李天骥给孙先生买,孙先生爱吃丰糕,每次买回早点来,孙先生都要给李天骥看拳,然后到南屋自己练拳,不让别人看。李玉琳在师父孙禄堂的悉心传授、精心培养下，勤学苦练，昼夜不辍，脱胎换骨，功力突飞猛进。

铁臂苍猿名震南北

苦练三年后，李玉琳成了赫赫有名的"铁臂苍猿"。杨澄甫先生的四大金刚在上海和李玉琳推手，均不是其对手。在北京和阎月川推手，阎月川抬不起李玉琳的胳膊；在天津跟马步周推手，马先生也没抬起李玉琳的胳膊。于是马先生风趣地说："南京打败孙锡堃，武汉打败赵振尧，北京打败李剑秋，打遍天下无敌手，打不了李家两个半。"这里所说的"两个半"，一个是李玉琳，一个是郝家俊（郝恩光之子），半个是我恩师李天骥（李玉琳次子）。

1924年，李景林入直隶军务督办，请宋唯一来天津传武当剑。李玉琳、郝家俊、蒋馨山、林志远、郭起凤、张宪、丁醒华均在其中。1924—1928年，李玉琳任上海"中华体育会"武术教员和尚德国术会会长。1929年，李景林组建山东国术馆后，1930年聘李玉琳为教务主任，嗣后荣升教务长。1937年在哈尔滨成立"太极研究社"，嗣后在长春、沈阳等地建立分社，被誉为"东北太极开拓者"。在哈尔滨打败众多挑战者，并主动挑战"赛黄天霸"姜玉和，姜未敢应战。

李玉琳先生精太极、形意、八卦、武当剑、太极推手，成就"南有陈微明，北有李玉琳"之说。先生武林轶事较多，不能一一列举。先生弟子众多，其中名望卓著者有李天骥、张继修、杨善亭、黄恕民、宋子佳、贾化清。先生长子李天池亦能继承家学。

2011年8月于北京

怀念恩师李天骥

恩师李天骥先生离开我们已经 7 年了，他的音容笑貌依然时常在我的脑海中萦绕。为了表达我对恩师的怀念，特地写这篇文章向大家介绍恩师的情况，让更多的人了解他。

醉心国术　武德高尚

恩师是一位身怀绝技的、名副其实的大武术家，是一代太极、形意、八卦、武当剑法宗师。恩师一生醉心于研究中国武术，未参加过任何党派和道门，是一个无党派人士。上班只知工作，被同事称为"不会活着的人"。恩师为人谦逊，从不说别人的坏话。尽管一生中很多名手败于他的手下，但他以武林团结的大局为重，从不宣扬。恩师的这种武德将永远是我学习的榜样。

恩师李天骥，号龙飞，生于 1915 年 1 月 20 日，终于 1996 年 1 月 8 日，享年 81 岁。他生前和周恩来总理关系甚笃，而终年又恰巧是周总理逝世二十年后的同一天，是巧合还是天缘，不得而知。

恩师原籍是河北省安新县白洋淀圈头村。别小看这小小的圈头村，却孕育了中国近代赫赫有名的四位大武术家，即郝恩光、李玉琳、郝家俊、李天骥。郝恩光人称"小白袍"，是一代武术宗师，当年和孙禄堂、尚云祥、韩慕侠齐名。李玉琳，号润如，人称"铁臂苍猿"，太极推手无敌手，时称"南有陈微明，北有李玉琳"。郝家俊人称"当代杨澄甫"。恩师李天骥是当代著名的大武术家，被称为中国太极之最、日本太极之父，是一代太极、形意、八卦、武当剑术宗师。这四位武术家在中国武术界可以说是无人不知、无人不晓。

幼承家学　武艺超群

恩师李天骥自幼师从父亲李玉琳习武。先习少林拳、弹腿，后习太极、形意、八卦、武当剑术等拳械，并得到李存义、张兆东、孙禄堂、程有功等武术前辈的指点。武当剑法学于李景林，摔跤学于中国一代跤王杨法武。可以说，恩师是一位能练、能打、能推、能摔、能器械格斗的全面的大武术家，被中国武术界公认为"功底深厚，发力适时"。

恩师的父亲李玉琳，武术学于李存义、张兆东、宋唯一、郝恩光、孙禄堂，曾任山东国术馆教务主任，为东北太极拳的开拓者，所教著名弟子有杨善廷、宋子佳、黄恕民、贾化清和次子李天骥。有当代杨澄甫之称的郝家俊先生功夫实学于师兄李玉琳，这是为许多外人所不知的事实。

李玉琳先生的武当剑学于辽东大侠宋唯一，同学有李景林、丁其锐、张宪、林志远、蒋馨山、郭歧凤等。因李景林是上司，故不以师兄弟论辈。

1931年恩师毕业于山东国术馆，1932—1938年任山东国术馆教师、陵县国术馆馆长，曾获省历届比赛甲等奖和县馆长测验竞赛第一名。恩师在三十年代和著名武术家郭歧凤合作表演武当对剑为当时一绝，被誉为"珠联璧合，起凤龙飞"（郭歧凤号起凤，系黄埔军校武术教官，李济深的武术老师，湖南省杨剑雄推荐给刘少奇主席的两位武术大师，即郭歧凤、彭玉麟两位先生。郭歧凤先生后来定居香港，在香港创办剑术学社，患舌底癌英年早逝）。

1938—1949年，恩师协助父亲创办哈尔滨市太极拳研究社，并先后在天津、沈阳等地任武术老师。新中国成立后，历任哈尔滨市国术联合会主任、哈尔滨工业大学武术讲师（原中国著名举重运动员、中国举重队教练黄强辉也是恩师的学生）。

1953年，恩师任哈尔滨市武术总教练和全国民族形式体育表演及竞赛大会裁判，在大会上的武当剑表演艺惊武林。当时不少武术家都不愿意排在李文贞后面表演，只因李文贞功底深厚，腰腿极好，她的定架子太极十三剑堪称当时一绝，无人敢比，每个动作都能获满场喝彩，连从来不夸谁的功夫好的李玉琳先生也说，李文贞有老一辈身上的功夫味道。而这次大会的安排恰恰是恩师接在李文贞后表演武当剑。恩师表演的武当剑疾中走、走中疾，变化莫测，出神入化，和李文贞的定架子剑形成鲜明对照，一静一动相映生辉，获得满场掌声不息。当时《天津日报》评论员报道，"此次大会若论剑术唯李龙飞最优"。恩师下场后，姜容樵先生走过来祝贺说："天骥啊，亏着我的青萍剑在你前面表演。如果在你后面，我还怎么练啊？"后来，不少见过当时恩师表演武当剑的人都说，就好像是昨天才发生的事。也正是恩师这趟武当剑，对我的习武之路留下极深的影响。我当时正跟杨凤翔老师习武，他从天津回来后说："李天骥的武当剑天下无比，郝家俊的太极推手天下无敌。"1958年杨老师迁居天津。1959年我经同事叶书勋的介绍，到劳动人民文化宫跟恩师学拳。叶书勋太极拳先学于杨澄甫之弟子金锡五，形意拳先学于陈子江，是金老师让叶书勋去找李天骥学拳。

推广武术　劳苦功高

1954年，恩师任全国竞技指导科武术班（即中国武术队）第一任总教练。1955年调国家体委武术研究室工作。1957年起，先后在国家体委武术处、中国武术院任职。1957年编简化太极拳、六路弹腿、简化太极剑、88式太极拳、太极推手、66式综合太极拳，并改编老赵太极剑等套路。

1959年—1961年，恩师参加《甲组武术套路》《武术规则》及《全国体育院校武术教材》的编写。1980年后，除参加撰写《中国大百科全书》体育卷目外，还主编了《形意拳术》《武当剑术》《武当绝技》《中华瑰宝武术》（英文版）等书，约150万字。1964年当选中国武术协会副秘书长。1979年获"国家级武术裁判"称号。1980年当选为中国体育科学学会理事。1985年被授予"新中国体育开拓者"荣誉奖。1988年在中国国际武术节上获"武术贡献奖"。

恩师曾先后多次受国家体委委派，赴日本、新加坡讲学，被日本朋友誉为中国太极之最、日本太极之父。所教日本朋友有松村谦三、古井喜实、大平正芳、羽田孜、爱知等等。

恩师和日本朋友的交往是周恩来总理安排的。周总理在天津读书时曾跟随著名武术家韩慕侠学形意拳、八卦掌。周总理对我的恩师在怀仁堂的表演给予了很高的评价，二人来往甚密，友情深厚。恩师曾给我讲过邓颖超大姐跟他学打太极拳的事，邓大姐见恩师教她练拳时总是站着，便亲自给他搬椅子，说老师坐下看我们练。邓小平同志的夫人卓琳也在国家体委跟恩师学过拳。周总理去世时，卓琳写给邓颖超悼念周总理的信，就是通过恩师转交给邓大姐的。此外，许多党和国家领导人也跟恩师学过太极拳，如粟裕大将、肖劲光大将，以及几位老帅。尤其是粟裕大将，逢星期六准把恩师接到家里，跟恩师谈武术、学武术。但恩师一生谦虚谨慎，从不把这些事情对外炫耀。

技冠群雄　誉满天下

当代五位九段武术大师中，少说有三位曾以朋友和学生的身份向恩师学过拳。

著名武术家、长穗剑王成传锐常来恩师家拜访。成传锐当时是北京体育学院（现北京体育大学）武术教研室主任。有一次他问李老师："您知道李龙飞这个人吗？"李老师回答："你找李龙飞有什么事吗？"成传锐说："我的老师修剑痴让我找李龙飞学学剑术，说李龙飞的武当剑可谓当今绝技。"恩师回答说："找李龙飞吗？远在天边，近在眼前。"成传锐听后大惊道："您就是李龙飞啊！"恩师说："我名叫天骥，号是龙飞。"成传锐说："老师啊，我找了您多年了，真想不到您就是李龙飞。"从此，成传锐以学生的身份向恩师请教。

在挖掘传统武术的20世纪80年代，有一次，成传锐卧病在家，中国武术院的领导来看望他，并告诉他这次挖掘出一位武术世家后代某某某。成传锐听后，向这位领导大发脾气说，你们挖来挖去挖出某某某，李天骥老师就在你们身边，你们就挖不出来，六个某某某也顶不了一个李天骥！

20世纪80年代，马贤达老师来北京开会期间来到李老师家，当他得知我是李老师的学生时说："现在武术界有老一辈武术家如孙禄堂、尚云祥那个味道的也只有李老师了。其他我都见过，都没李老师那个劲。"

张继修老师曾跟我们讲，不少人说自己是孙禄堂的徒弟、是尚云祥的徒弟，等他们一出手、一迈步，哪一个也比不上这个病老头（指李老师）。

有"铁甲坦克车"之称的马礼堂老师，在北京光华里时，住在防震棚里。恩师得知我也在光华里住，就让我去看望马礼堂老师。马老师高兴地和我谈起在南京和孙锡堃推手，在武汉和赵振东推手，在北京和李剑秋推手的事。马礼堂老师的夫人牛女士笑说："你当着李天骥的徒弟别乱吹，你让人家郝家俊打得你四脚朝天，你以为他不知道？"马老师哈哈大笑道："对，打遍天下无敌手，打不了李家两个半。"这两个半是指的谁呢？一个是李玉琳先生，一个是郝家俊先生，这半个就是我的恩师李天骥。

吴××老师可谓太极泰斗，他曾几次跟我的恩师推手。一次，在人民大会堂吴××老师当着国家体委的领导说："凌空劲已成绝响，凌空劲看来无人继承了。"恩师马上站起来说："来来来，咱们俩推了多次手，你怎么没把凌空劲拿出来？今天当着体委领导的面把你的凌空劲拿出来，让领导看看什么是凌空劲。"吴××老师却说什么也不跟我的恩师推手。

张×老师号称上海无敌手。1958年在轻工业部和我的恩师推手。张老师体重比恩师重得多，个头也比恩师高一头。杨式推手擅长用挤，推手时张老师压着恩师的手，突然一个挤，我的恩师一个蛇腰顺势一捋，把张老师捋了出去。吴图南老师说："你再加一掌，他就倒了。"事后张老师说："我算给上海丢人了，输给了李天骥。"

顾××老师受国家体委委派，去越南教胡志明主席练太极拳，临行前，顾老师曾来北京请我的恩师给他改拳。期间两人推了推手，两次顾老师均不敌我的恩师。从越南回来后又和我的恩师推了推，则输得更惨。顾老师1989年在《武林》发表文章说，陈式太极拳学于陈发科，简化太极拳学于李天骥。

2001年8月，我去山西省平遥参加全国形意拳大赛，遇上成都体院教授习云太老师。我对习老师说，我的老师李天骥刚刚去世几年，现在社会上不少人都在说李天骥如何如何，我很生气。习云太老师说："李天骥那是真有功夫，我们见过。说李天骥没功夫的人，那是没见过李天骥本人。"

以上，我简要介绍了我的恩师李天骥。目的在于纪念谦逊低调的武德高人，还原龙精虎猛的武术宗师，以便让众多不了解我恩师全貌的人，掌握一些真实情况和当年未公开的"内幕"，今后别再信那些个道听途说。我的功夫跟恩师比，还相差甚远，我是没赶上老师的功夫。

哭啼而来含笑去　撒手逍遥入九天
——深切怀念我的父亲牛金宝

今年 6 月 11 日，是我的父亲牛金宝先生坐化 22 周年纪念。父亲出生于 1915 年，今年也是他老人家诞辰 95 周年。1988 年 6 月 11 日清晨，父亲坐化于北京。父亲在这一天用道家最上乘的功夫——"撒手闭气"，永远离开了我们。父亲在世时曾留有诗曰："人生一世死去归，气转清风肉化灰。从此撒手逍遥去，不管人间是与非。""异乡漂流六十年，叶落归根去复还。未争显贵光门第，独有清白对祖先。只留正气传儿女，并无遗恨在人间。哭啼而来含笑去，撒手逍遥入九天。"22 年后的今天，重温父亲感悟人世生死的诗词，他那豁达的胸襟与气度仍然令人感动不已。父亲永远是我们学习的楷模，我们为他而感到骄傲和自豪。

聪颖少年进京学徒　金兰兄弟喜武乐道

父亲牛金宝，号"涤尘"，龙门法号"阳春"，千峰法号"玄金子"，又号"普恩居士"，自号"醉梅"，河北省清河县油坊镇朱唐口村人。父亲生于 1915 年 1 月 23 日，自幼丧母，随其父牛子福、兄长牛金木务农度日。父亲从小聪明过人，幼时随表兄王其斌习私塾，12 岁能看《聊斋》，并能向乡人讲述聊斋中的故事。又曾向本村武术家杨忠元习武，练习大洪拳、小洪拳、西凉掌。为改变命运，父亲 14 岁到北京，学习皮毛行手艺（实际是做童工），期间受尽了艰苦磨难。在那个年代，为不受欺辱，他私练沙袋功，能拳砸砖头、杏核，使欲欺辱他的人见而生畏。在北京，父亲结识了不少朋友，并与了空祖师的弟子张毓山之子张庆云、宋兰林结为异姓兄弟，他们的友谊享誉于皮毛行。张毓山系全真龙门派第十一代弟子，道号"一玄"，为千峰赵祖的师弟，他的四个儿子庆云、庆华、庆祥、庆昌，均拜在千峰赵祖门下。张庆云系千峰赵祖之弟子，道号"玄庆子"，后师又赐号"翔光居士"。此外，父亲还和同乡刘希元交往甚厚，与著名武术家杨凤翔（江湖人称"铁胳膊杨四"）成为至交。刘希元亦系千峰赵祖之弟子，千峰法号"玄元子"。

1933年，父亲由同行师兄马洪太领到西单石驸马大街88号老善堂，拜千峰老人赵避尘为师，学练丘祖龙门派性命双修养生功法。师赐法号"玄金子"，为千峰先天派玄字辈第一代弟子。父亲由于练功刻苦功夫大进，功达"金光一现"，颇受千峰赵祖青睐，经常受到褒奖并代师讲学。父亲侍奉千峰赵祖5年之久，与玄庆子张庆云同领天命法卷。1938年，父亲奉师命回乡完婚，临行时师又赐龙门法号"阳春"，号"普恩居士"，为全真道教龙门派庙外秘传第十二代弟子，并领护道大法、龙门命脉和千峰道规。

兵荒马乱勤俭持家　矢志不渝传扬丹道

父亲返乡后和油坊镇李家东街李清喜完婚，嗣后生三子，长子曰成仙，次子曰成道，三子早夭。1945年河北平原闹灾荒，加上日本鬼子横行，爷爷和母亲因贫病先后离世。于是，父亲同年携二子迁居油坊镇。1938年—1945年间，父亲在清河县先后度200余众，均收在千峰赵祖及师兄玄庆子张庆云名下。

1946年，父亲返回北京，得知千峰赵祖已于1942年坐化。为重振千峰先天派，父亲和师兄玄庆子、同乡玄元子欲在天桥北留学路重立千峰佛堂，因时局不稳而未果。1948年，父亲骑自行车返乡。1949年经人介绍，与油坊镇南邵庄张凤英结婚，同年携继室张凤英和长子成仙定居北京前门外香厂路腊竹芯胡同34号。1950年，继室张凤英先后生长女燕平和三子燕顺（即妙真子牛胜利，2004年被歹徒所害）。1954年生小女燕琴（早夭）。

新中国成立后，凡旧中国有问题者均需到"段上"（今派出所）登记。父亲参加过千峰先天派，又和一贯道等会道门有过交往，这些父亲均向派出所一一登记。之后运动一个接着一个，父亲每次都要写检查。只因没坑人、害人，才得以保全自己。但儿女参加工作后，因为这一原因，政治前程受到极大影响。这些以往历史带给我们的酸甜苦辣，后人哪里得知。

后来，父亲把长子成仙改名为胜先，二子成道改名为胜田。1983年5月，我在江西南昌参加第二届全国武术散打太极推手对抗赛时获得全国太极推手第一名、太极拳考评最高分。1984年，我出任北京太极推手队总教练。父亲在长子身上看见曙光，那压抑多年的心绪才逐渐得以释放，此后便经常来南郎家园看望儿孙。

1984年的一天，《武魂》杂志记者沈礼然前来采访我，恰逢父亲那天也来到家里，于是我把父亲介绍给沈礼然。沈礼然也热衷于研究气功，尤其对"精气神"三字不能理解，说查遍《康熙辞典》也找不着答案，听我介绍说父亲恰恰是这方面的专家，便和我父亲谈论起来。听了我父亲解释"精气神"后，沈礼然大吃一惊，欣然向我父亲约稿。由此，父亲的几篇文章接连在《武魂》发表。父亲因而一举成名，很多单位邀请他去讲学，传播性命双修养生延寿法。父亲也因此非常感谢我的恩师李天骥，因为，如果没有李天骥培养其子牛胜先成名，父亲不知何日才能有机会把养生延寿的功法传播开来，并不断发扬光大。

父亲的突出贡献，是将人人看不懂的性命双修养生功法，用白话解释使人人看懂；将人人理不清的修炼节序系统化，使人一看便知。父亲为传播、重振千峰先天派贡献了毕生精力，最终实现了他的愿望。

精心选定掌门接班　撒手闭气驾鹤仙去

杜心五师爷是我父亲的偶像，当年他和义兄张庆云曾7次去榆钱胡同拜访而不遇。1985年，我与师叔杜修嗣取得了联系（杜修嗣师叔是杜心五师爷的长子，也是千峰赵祖弟子），此后他们师兄弟二人经常书信来往。1986年和1987年，父亲两次去湖南长沙找师弟杜修嗣，商定由长子牛胜先掌千峰先天派门户之事。1988年，杜修嗣师叔派杜心五自然门掌门大弟子彭镇师弟来京，正式通知我为千峰先天派掌门人。1988年6月，父亲算定坐化日子后，专门提出要我伺候10天，其间将理顺后的三步功法、传护道大法、赐龙门法号、掌管千峰门户、掌管道规、掌管千峰老人唯一有印章的手用书《性命法诀明指》等精心传授予我。并将要求我团结师兄弟、管好牛胜利等事宜一一妥善安排。坐化前，父亲命我把房门和窗户打开，他好走得快些。又对在场弟子说："长子抱头、徒弟抱腰，二子胜田在德国不等他了，三子胜利抱腿，我走之后不许哭。"然后行功约45分钟，撒手闭气而去。

如今父亲离开我们已经22年了。对于我而言，父亲不仅是父亲，还是我的丹道恩师。我一定不辜负父亲的期望，将父亲所传功法，传授到全国，传授到世界各地。如今瑞典、美国、澳大利亚、日本、英国、希腊、斯洛文尼亚、印度尼西亚、巴勒斯坦、瑞士、南非、巴西、阿根廷、芬兰、丹麦、法国、德国、加拿大、中国台湾、中国香港等地，均有父亲的再传弟子，父亲的

长孙先真子牛晓旭已接全部丹道功夫，重长孙牛天赐也在继承丹道事业。

　　父亲，安息吧！

2010 年 6 月于珠海

怀念启蒙恩师杨凤翔

杨凤翔（约 1900—1962 年），出身武术世家，形意拳学于刘奇兰的高足高云坊，太极拳学于安长龄，岳氏连拳、岳氏散手学于刘恩绶。曾受过许禹生前辈指导，是京津一带著名的武术家。精太极拳、太极推手、形意拳、岳氏连拳、岳氏散手、纯阳剑、昆吾剑、武侯刀、六合刀等拳械，尤精朱砂掌和弹弓。早年在老北京南城一带，不论是摔跤的还是练武的，无人不服"铁胳膊杨四"。

神弹子例无虚发

民国年间，他曾在某富豪家任护院教师。一天深夜，富豪家房顶上有动静，惊醒家人，富豪命人请杨凤翔来。只见杨师拉弹弓一击，"啪"的一声，房顶之物应声落下，原来是只鸽子。全院轰动：真神弹子也！白日间能以弹击弹，即先将一弹打入空中，再用一弹击中另一弹，百发百中。

朱砂掌神功惊人

杨师朱砂掌功更是神奇。余昔年向杨师学艺时，由于武侯刀的蹿纵劈刀总练不对，我在院中练，杨师在屋里见了，连喊："不对！不对！"而后走到院中，拿起刀来一个蹿耸，只听"咔嚓"一声，礼服呢千层底的大圆口鞋的前脸豁开了，杨师气得进屋拿鸡毛掸子打了我两下。杨师进屋后，我对师兄说："用手打两下得了，干嘛用鸡毛掸子？"郭盛茂师兄说："你说啥？用手打你？轻则把你打残，重则立即毙命！师父是朱砂掌，是有名的铁胳膊杨四。"杨师在饭馆也经常和饭馆小二开玩笑。有一次菜盘端上来，他拿起菜盘在下面用食中二指轻轻一戳，便戳了个窟窿，然后说小二："拿来的盘子怎么是漏的？"到结账时，杨师说不是那盘子有窟窿，是我用手指捅漏的，令小二咂舌。

手若蒲扇力千斤

1953 年，杨师给新民合营皮毛工厂送海硝，当时我在场，众人齐声要求杨四爷露一手。只见他一只胳膊夹住麻袋（120 公斤），走了 30 多米，而后用胯一抽，麻袋落地，众人齐声喝彩。

1957 年，我返回北京，又找杨师学艺。此时他从永安路搬到了永定门外琉璃井。当我找到杨师新家时，屋里坐满了人。杨师见我回来了，问我这几年功夫长了没有。我说长了，现在能举 90 公斤。杨师听后说："来，来，来，我给你戴个帽子，看看你这举 180 斤的力量能不能摘下来。"说罢，把大手往我头上一放（为什么称大手？他因练朱砂掌功，手大如蒲扇，每根手指都如小擀面杖一般，但手很软）。我用尽力气往上推这只大手，却怎么也推不动分毫，我一连推了三回，毫无反应。杨师说："小子，坐下吧。"说罢，他手一按，我应声倒地，众人哈哈大笑。杨老师说："别说举 180 斤，碰上天津郝家俊，你举 240 斤也不行。以后还举不举重了？"我连说："不举了，不举了，老老实实向您学功夫。"

后来听师哥杨文海（杨师的侄子）讲，1956 年，有一天下大雨，雨后他跟四叔（杨师）给北京皮毛厂送海硝，大车到厂门口后，车夫说什么也不愿进院，说："怕车陷进泥潭，不能往院里去。"杨文海和车把式吵架，说："好几吨的货让我们俩怎么往里扛？"杨师说："文海，不要吵，不要吵，咱们俩往里扛。"说罢，杨师一只大手臂夹着一个240斤的大麻袋往里走，走到大门口，只见杨老师用胯一抽，那麻袋应声掉在大门内。车把式一看，吃了一惊：这么大的岁数，夹240斤的麻袋，又这么用胯一使劲，扔麻袋如儿戏。忙问杨文海这老人是谁。杨文海说："是我四叔。"车把式又问："老先生贵姓？"杨文海说："免贵，姓杨。"车把式又问："他是不是南城那鼎鼎有名的铁胳膊杨四爷？"杨文海说："正是。"车把式忙上前向杨师道歉："不知是您老人家，您别扛了，我们给您拉进院。"杨师说："那敢情好，谢谢您啦。"

食量过人竟饿死

我亲眼所见，杨师吃饭总是两碗两碗地要，最后一算是16碗，饭量大得吓人。1958年，杨师要辞去皮毛厂的工作，我父亲多次相劝，也未果。因为他大女儿杨文秀在天津，女婿在南开大学任教。1960年正值三年自然灾害，人人吃饭按定量，杨老师没有工作，定量只有25斤，他那一顿能吃16碗米饭的饭量，25斤也只能吃上四五天，全家的粮食都给他一人也不够。可怜的杨恩师，大名鼎鼎的杨四爷，竟饿死在1961年。一身绝技，后继无人。听郭盛茂师兄讲，他早年能背扛、两臂各夹一个240斤的麻袋，膂力惊人。我们诸师兄弟没一个能赶上他老人家。今写此小文，以示对他老人家的怀念。其弟子有著名京剧演员瑞鸾香（女）、侄子杨文海以及迟祥熙、李洪声、牛胜先、宋庆福等。

妙成子曰：吾师人称铁臂杨，京津两地艺无双。朱砂掌为绝伦技，神弹能穿百步杨。身怀太极技击艺，怀才不遇奈何殇。恰遇灾荒腹内饥，惨死只因无米粮。

无极刀李尧臣二三事

李尧臣老师是北京著名的老武术家、武术界的寿星,早年在北京会友镖局保镖。民国年间,他曾教过京剧武生大师杨小楼猴拳,还教过京剧旦角大师梅兰芳剑术。他的一趟无极刀更是名震京师、威摄日寇,无极刀与李尧臣,李尧臣与无极刀,几乎成了等同称谓。

创编无极刀抗击日寇

"七七事变"前,29军副军长佟麟阁曾特聘他教部下大刀,李尧臣慨然允诺。他依据战刀特点,结合"无极子路刀"创编了"无极刀"新套路。这趟刀实战性强,既可做刀劈,又可做剑刺。直到"七七事变"后,他仍珍藏有一盏29军的马灯,并在北京护国寺隐姓埋名教场子,经常声泪俱下地慷慨陈词,向徒弟及观者介绍29军的英勇抗战事迹。

表演无极刀弘扬国粹

上世纪五六十年代,他经常活跃在武术表演场上。一次,我在劳动人民文化宫看他表演完无极刀后,走到他老人家面前,说:"李老师,我是杨四的徒弟。"他说:"是老杨四啊,还是少杨四?"我回答说:"是老杨四,铁胳膊杨。"李尧臣老师说:"老杨四和我是兄弟,是亲戚;少杨四是侄子,是晚辈。"李老先生所说的老杨四,即是我的恩师铁胳膊杨四——杨凤翔,他形意学于河北高云坊(名寄云),与李存义是师兄弟,师从郭云深。学太极拳于安长龄，安老系杨班侯之入室弟子。少杨四即是我老师的侄子杨文海师兄，武术是家传，曾在东北张作霖部下任武术教官，武术摔跤高手，其弟子白庆斋在京城蜚声武术界。

常练养生功驻颜有术

杨文海师兄在虎坊路南住，我的老师杨凤翔西归后，我经常找师兄指教，我的万胜刀就是学于杨文海师兄。师兄为人谦恭，还向我这个师弟学了些国家体委系统的太极拳。杨文海师兄经常拿李尧臣老师的照片给我看，当我看到李尧臣老师60岁的照片时，我很吃惊，如同三十多岁年纪的面孔，又有70岁、80岁的照片等等都比正常人显得年轻二三十岁。后来得知，李老先生长期修习浑元一气养生功，此功法曾得到贺龙元帅的赞赏。

晚年收小徒不拘成法

杨文海师兄说，老头（指李尧臣老师）在晚年，又收了一批小徒弟，都是七八岁、十来岁的。弄得老头的那些七八十岁的老徒弟们有意见，他们向我（杨文海）说："这些小孩都是我们孙子辈的小孩，他们正式拜师后，都管我们叫师哥，这么一来，爷爷都成了师哥了，老头（指李尧臣老师）的老徒弟都有意见。"

我当时听了也没在意。如今几十年过去了，李尧臣老师的这批小徒弟至今仍活跃在武术界，而在京城武术界也享有声誉，如尹树增等等。他们已成了李尧臣老师的真正继承人，尽管李尧臣老师收他们时老徒弟们有意见，但这批小徒弟毕竟没让李尧臣老先生失望。

2006年5月于北京

图上答疑解惑

内家拳功夫访谈录

[主持人]：

大家晚上好！

欢迎光临博武网，今天牛胜先老师作客博武直播厅，和广大网友朋友们共同探讨太极拳、形意拳、八卦掌及武当功夫的奥秘。

[19:04]

[牛胜先]：

网友朋友，你们好！感谢博武网给我这个机会和各位网友见面，我会尽最大努力解决各位网友提出的问题，由于我个人的水平有限，有讲得不到位的地方，望各位网友多多指正。谢谢大家与我在网上交流。

[19:06]

[主持人]：

您在推手方面是真正的行家，训练的学生连续八年蝉联北京推手冠军，您认为如何训练推手？

[19:09]

[牛胜先]：

这个问题也是相当关键的问题。太极推手的几大要素，一，桩功扎实；二，手上身上要有反应；三，摸要摸得准；四，掌握时间速度；五，要有爆发力。具备的这些东西，比如说桩功，要在太极桩上下大功夫，推你不动，抬你的手抬不起来，这样的桩功才算基本到位。反应问题就是手上身上要有反应，多几次推手，多在四正手上下功夫，这样跟不同的对手去推，因为一个人身一个劲，练来练去身上的感觉就有了，推手打轮，这样手上身上有了反应，然后再练摸，要摸得准。怎么才能摸得准？旧劲已尽，新劲未生时，要掌握时间速度，就是时间差的问题。把时间和速度都掌握对了，还需要爆发力，没有爆发力就打不倒对方。这就是推手简单的几大要素。四正手要单练，有了这样的基本功，桩有桩上的基本功，手有手上的基本功，合在一起，才能有整劲。

[19:09]

[主持人]：

牛老师的学生从1986年至1988年一直是全国太极推手的第一名成绩。

[19:10]

[匿名]：

牛老师您好！我在网上看到一篇文章，说："王培生80年代初是北京推手队的教练，但是当时的队员牛胜先不服他，根本不听他的，牛胜先只服李天骥。王培生有气，跟牛胜先推手，连推7次，牛胜先赢了7次。王培生窝了口气，没办法走吧。1983年牛胜先拿了全国推手冠军，从此牛胜先就成了北京推手队的教练。"真有此事吗？您觉得您在哪方面高出他呢？谢谢！

[19:13]

[牛胜先]：

匿名网友你好！我和王培生老师没有推过手，我们是在推手上有不同的意见，所以不存在谁赢谁的问题。

[19:14]

[牛胜先]：

王培生老师是北京太极推手第一任教练，他是1982年当教练,1983年我是以教练兼运动员的身份参加南昌举办的武术散打太极推手对抗赛,1983年以后,北京体委就聘请我为北京太极推手队教练。

[19:15]

[手机丫头]:

您怎么看待散打这项运动呢?

[19:16]

[牛胜先]:

手机丫头网友你好!应该说现在散打有很大的进步,能挑战泰国泰拳,挑战跆拳道,挑战自由搏击,挑战美国拳击,我不赞成把散打说成是中国功夫,以中国功夫对美国拳击的说法,我不同意。

[19:18]

[匿名]:

牛老师,推手对练习太极拳的人来说应该达到什么程度才能开始练习呢?

[19:20]

[牛胜先]:

首先,把太极拳掌握熟练,把全身的僵劲化掉变成太极劲。因为我们没练拳之前都有劲,这是先天本能之劲,练太极拳是后天功夫,把太极拳的劲练整、练合,就可以开始练习太极推手功夫了。

[19:20]

[二伯朵]:

看您的照片感觉您身体倍儿棒,请问您除了练武之外,在饮食上有什么特别的地方,比如进补什么的吗?

[19:21]

[牛胜先]：

首先我没有任何进补的东西，我除了太极拳、形意拳、八卦掌练习之外，还练习我父亲牛金宝所传的养生功法。

[19:21]

[武术爱好者]：

牛老师，您能将太极拳、形意拳和八卦掌糅成一门新的功夫吗？

[19:22]

[牛胜先]：

这个问题我正在探讨。

[19:22]

[主持人]：

要练好形意拳应该注意哪些程序？

[19:24]

[牛胜先]：

练形意拳首先要排除四大病：挺胸、提肚、憋气、撅臀，然后从三体式开始入手，站三七步，在名师指导下就进步较快。

[19:25]

[匿名]：

牛老师，您的太极拳属于哪个门派呀？

[19:25]

[牛胜先]：

我是国家体委派，因为我练的太极拳是我们体院的大学教材。又是民间派，因为我没进大学，是恩师李公亲传。

[19:26]

[牛胜先]：

简称是新杨式太极拳。

[19:26]

[我，我]：

请问您觉得武术目前在我国开展得如何？您觉得武术的发展是否比较受制约呢？如果是，那您觉得又是什么原因呢？

[19:27]

[牛胜先]：

武术运动应该说开展得很好，因为全国上下有那么多的人都在从事这项工作，现在有这么好的条件，改革开放的大环境，只是有机会需要我们自己去把握、去创造。

[19:28]

[匿名]：

谢谢牛老师。

[19:28]

[主持人]：

您认为参加推手比赛的运动员应具备哪些素质？

[19:28]

[牛胜先]：

首先是心理素质，要有上擂台就是一只虎也敢在它嘴上拔胡子的精神。再有就是技术，知己知彼，在上擂台之前先问问自己下功夫没有，光知人不知己也不行。知己知彼，首先是知己。如果你下过功夫就不怕碰硬手，如果具备扎实的桩功，手上身上的反应好，能找出时间差，有了机会，再加上爆发力，就可以参加太极推手比赛。

[19:30]

[小学生]：

牛老师，您好！请问如果只练太极拳而不练推手，能有功夫吗？

网上答疑解惑篇

[19:31]

[牛胜先]：

小学生网友你好！光练太极拳是锻炼身体的功夫，也能练出表演的功夫。推手是用的功夫，除了打太极拳还有单练推手，光练太极拳不练推手，一辈子也用不上。

[19:32]

[匿名]：

按您老人家的教法，形意拳多久出整劲啊？

[19:32]

[牛胜先]：

练形意拳首先是要多站桩，三体式，还是站三七步的三体式，五行拳当中多练劈和崩，这样练上三年，先把它练成手与脚合，肘与膝合，肩与胯合，内三合自然就有了，这样劲就能练整了。

[19:33]

[请问]：

请问牛老师，具备什么条件才能称得上是名家呢？您认为您是名家吗？

[19:34]

[牛胜先]：

按照中国武术管理中心给我的段位，七段以上就是武术家。

[19:35]

[1]：

在哪里能找到牛老师，我要拜师。

[19:35]

[主持人]：

您认为如何利用好现行推手比赛规则，取得好的成绩？

[19:36]

[牛胜先]：

现行推手规则，在技术分上下功夫，比如，你用挤把对手打倒，可以得3分，这比憋着劲把对方打出圈去得1分高多了，不要投机取巧。

[19:38]

[1]：

以前传统武术是以一种中国传统文化为内涵为基本理论，但是近些年来人们忽视了对传统文化的修养，认为武术是过时的东西，跆拳道、空手道倒很流行，传统武术、传统文化好像正在没落，怎么样才能把传统武术发扬光大？

[19:38]

[牛胜先]：

现在已经成立了国际传统武术联合会，我相信我们的传统武术很快会得到大家的重视，我们重视的程度如果和日本人重视相扑一样就好了。

[19:40]

[牛胜先]：

太极拳、形意拳、八卦掌，从青年人来说，按我的要求是，先练形意拳，然后再练太极拳和八卦掌，他们完全可以达到互补，因为他们的技术要求基本是一致的，都要求不挺胸、不撅臀、不提肚、不憋气。

[19:41]

[牛胜先]：

不同的是形式上的不同，孙禄堂老先生有一个比喻，太极拳是皮球，八卦掌是铁丝球，形意拳是铁球，太极拳抱元守一，八卦掌万变归一，形意拳一贯诚一，所以这三家应该是互补的。

[19:44]

[靖泉]：

1. 请问牛老师太极拳里的单鞭，有人说应是丹变的谐音，您自己体会是怎么样的？ 2. 有人说太极拳、八卦掌、形意拳在高层次的劲力是一样的，也有人说不一样。您的看法呢？

[19:46]

[牛胜先]：

靖泉网友你好！所谓丹田动是丹田气动，许多老一辈武术家能用肚子打人，单鞭是单鞭，和丹田是两回事。太极拳、形意拳、八卦掌在高层次是统一的，这是对的。

[19:46]

[匿名]：

每天练习多长时间？

[19:46]

[牛胜先]：

如下大功夫，每天要练6个小时，一般下功夫需要两个小时就可以了。

[19:46]

[主持人]：

有人对太极拳能否技击有疑问？您怎么看太极拳技击？

[19:47]

[牛胜先]：

太极拳技击是上乘功夫，它可以小劲破大力，以巧劲破拙力，以柔劲克刚劲，借劲打人，打上又不疼还把人击得很远，甚至打倒，所以它是一种上乘的技击功夫。太极拳完全可以技击，只是现在我们没有专门的地方去训练，如果给我这么一个平台的话，我愿意专门培训以太极拳的功夫和别的功夫进行接轨。

[19:49]

[主持人]：

参加推手比赛时应该注意什么呢？

[19:50]

[牛胜先]：

要尊重裁判，尊重对手，不搞严重犯规的小动作，赢得光明正大，输得心服口服。

[19:52]

[主持人]：

形意拳的技击方面有什么特点？

[19:53]

[牛胜先]：

形意拳有几个前辈武术家，如郭云深、孙禄堂，郭云深擅长崩拳，一般的人都被他打倒；孙先生擅长虎扑，不管对方千变万化，孙先生一个虎扑就把对手打倒。

[19:54]

[1]：

听说牛老师对气功也有独到的见解，也是气功大师，牛老师能谈谈吗？

[19:55]

[牛胜先]：

首先说有人给过我气功大师的称号，但是我不想戴上这个帽子，我讲的是养生，练的是精气神，不是发放外气。

[19:57]

[王有的]：

形意拳讲的"打人如挂画"，真的能实现吗？

[20:00]

[牛老师]：

王有的网友，你好！前辈武术家曾经说过，把人打得贴在墙上，这个事是有的，不是贴很长时间，马上就会下来，形意拳也是可以做到的，不是很长时间，也只有一两秒钟。

[20:02]

[瓦]：

看到牛老师的照片，感觉和其他的武林前辈不一样，牛老师练的是体院的大学教材吗？

[20:02]

[牛老师]：

瓦网友，你好！是的，李天骥大学教材的太极拳、形意拳、八卦掌、太极推手完全是李老师的，形意拳是李老师的父亲李玉琳，李老师是直接参加大学教材编写的，我练的完全是大学教材里的太极拳、形意拳、八卦掌，别人说我是学院派，可我没有上过大学，我跟李老师学的全是学院派的武术。

[20:03]

[李旺]：

您对三体式的练习有什么独到的见解？

[20:03]

[牛老师]：

李旺网友，你好！三体式的站法不是我个人的独创，是我老师教的。三七步是在五五步的基础上改变过来的，早在80年前，郭云深先生就把五五步改成三七步了，所以三七步长桩功才长得快，五五步要慢，三七步很辛苦，五五步比较起来没有三七步那么辛苦。

[20:05]

［冯其一新］：

您认为练习太极拳的架子越低越好吗？

［20:05］

［牛老师］：

冯其一新网友，你好！练太极拳取中，不能蹲下，因为蹲下就少力，力就散，练太极拳只要敛住臀，根本就蹲不低，如果撅着臀蹲得很低，那是不符合太极拳要领的，蹲得再低也是少力的反映。

［20:06］

［匿名］：

牛老师，请问在北京太极拳界，技击方面最有实力的是哪几位？

［20:06］

［匿名］：

请问您除了武术健身运动外，还有其他的爱好吗？

［20:07］

［牛老师］：

技击方面的老师很多，请你看他们的介绍就好了。

［20:07］

［孙武］：

推手在技巧上有什么诀窍吗？

［20:07］

［牛老师］：

推手的技巧有很多，关键是你自己的基本功要扎实，比如，人家往前跑，你轻轻地在背后拍一掌他就走，基本功要扎实，手上反应好。

［20:08］

[吴上一个人]：

我是练太极拳的，每天也都练习很长时间，但是感觉没有长进。每天您感觉练习几遍拳合适？

[20:09]

[牛老师]：

吴上一个人网友，你好！练太极拳如果你练杨式88式，要严格按技术要领练，一般练一遍就站不起来了。

[20:10]

[匿名]：

不挺胸、不撅臀、不提肚、不憋气，但是我看见好多武术家都撅臀、挺胸，您怎么看？

[20:11]

[牛老师]：

谁符合太极拳的要领，谁就是对的，挺胸、撅臀都是错的。

[20:13]

[清华学子]：

您认为太极拳的最高境界是什么？如何才能达到《太极拳论》上讲的"阶及神明"的境界？

[20:13]

[匿名]：

初练太极拳，怎样才能做到松柔呢？

[20:13]

[牛老师]：

清华学子网友，你好！阶及神明，那就是熟中生巧。多多练习，比如，推手这招不好用，把它练到好用，手上没有反应，练到有反应了，达到随心所欲的忘我状态，就是最好的境界。

[20:14]

[牛老师]：

初练太极拳应该举手投足毫不用力、起手要缓慢、要轻，落手要沉着、要稳重。这个劲就是练到身上了。

[20:15]

[阳市他寄去]：

您对现在的 24 式太极拳的练法怎么看？当年李天骥老师创编的 24 式太极拳和现在的有什么区别？

[20:15]

[牛老师]：

阳市他寄去网友，你好！练太极拳有的是锻炼身体，有的是练出功夫，这两者的要求是不同的。大家早上起来打打太极拳，活动活动身体可以祛病延年。练武术的太极拳和公园里练的 24 式是截然不同的，它要求一招一式都有说道，比如一个弓步，真正的功夫，前膝弓不过脚尖，后腿和后脚尖成一条直线，敛住臀，如果你练太极拳经常这样，你肯定能练好，公园里主要是以锻炼身体为目的，他没要求再提高多少，所以和李天骥要求我的练法截然不同。

[20:18]

[pcg]：

我对太极拳很感兴趣，请问牛老师，应该如何开始学习呢？学习哪一流派较好？

[20:18]

[牛老师]：

pcg 网友，你好！太极拳杨、吴、陈、孙、武式都好，练哪一家拳都可以出功夫，关键看你的老师明白不明白他的拳理，明白拳理就是明师，有名的名和明白的明是两回事。

[20:20]

［匿名］：

请问牛老师，太极拳和形意拳可以混练吗？

［20:20］

［龙正虎］：

太极拳的高境界有"凌空劲"之说，很多人不承认有这种劲法，您怎么看？

［20:21］

［牛老师］：

龙正虎网友，你好! 太极拳有凌空劲。要看对手如何，比如这个老师一出手，没打在你身上，你就摔在丈外，这就是凌空劲。

［20:21］

［2］：

牛老师，请问练24式太极拳，能否练出88式一样的效果？

［20:21］

［牛老师］：

练24式完全可以练出88式的效果，最少要练5遍。

［20:22］

［无名］：

有人说武术没有内家和外家之分，在内家拳和外家拳的最高境界都是相通的，您怎么认为？

［20:22］

［牛老师］：

无名网友，你好! 从总体上说，武术是没有内外家之分的。从具体上说各有各的要求，比如少林拳，有横平竖直、蹿蹦纵跳的特点，也有它的自然之美，它要求挺胸、撅臀。太极拳、形意拳、八卦掌，要求含胸、敛臀，从表现形式上是不一样的，但是大家都叫武术。

[20:23]

[北大中人]：

太极拳的推手和散手有什么区别？太极散手应该有什么诀窍？

[20:24]

[牛老师]：

北大中人网友，你好！太极推手和太极散手，应该是姐妹篇，如果你把太极推手练好了，就可以单开一式，用它去打、去挤、去化、去按，不打轮就接手，这就是散手。应该说功夫深的，在散手中比在推手中还好用。

[20:25]

[把光正]：

按您的说法，太极拳的高境界可以直接入静，但是太极拳是技击的武术，入静和武术的眼观六路、耳听八方有着根本的矛盾，您如何解释？

[20:25]

[牛老师]：

把光正网友，你好！太极拳到高级阶段可以入静，入静之后能生智慧，人有了智慧就会眼观六路、耳听八方。

[20:26]

[再现小龙]：

您说练习太极拳时，四正劲可以单练，如何单练？

[20:26]

[牛老师]：

再现小龙网友，你好！这个问题本来是不宣之秘，为了感谢大家，我简单地谈一谈怎么单练。比如按，假设一个对方，你的老师或是同学给你当靶子,你双手去推他,由推不动到能推动,由能推动一步到能推到三步,这就是单练的效果。其他也是如此。

[20:28]

[匿名]:如何用太极拳的劲发人?

[20:28]

[牛老师]:

这要看对方。对方也会太极劲,不要盲目地发劲;如果对方的劲是横平竖直,你完全可以按对方的直劲横劲发劲。所谓太极劲就是全身上下的劲,我指的是一般不会练拳的外行,如果对手也会推,还是小心为好。

[20:29]

[大学生]:

我现在每天站桩,但只能站高桩,有人说站桩要站低桩好,可是我站低桩时身体受不了,并不是我身体不好,您怎么看?

[20:29]

[牛老师]:

大学生网友,你好!站高桩和站低桩,初学应该说是略高一点好,站低桩1分钟也比站高桩10分钟效果好,由1分钟到2分钟就是进步了。

[20:31]

[匿名]:

您认为中国武术应该如何进一步进行推广和普及?

[20:30]

[牛老师]:

中国武术要想提高,首先是师资水平的提高,专业武术院校的教授们要到民间来找明师虚心求教,水平才能提高,不论是太极拳，还是太极推手，功夫在民间。我们的推广和普及都不错，重点是如何让各个站上的站长和教练提高。我过去和李天骥老师学习时，我们分初级班、中级班、高级班、师资班。我认为应该是在普及中提高，抓重点带全面，教练的水平提高了，自然能教出好的学员来。要使这些高级班和师资班一步一步提高，如果让这些教练提高，在全国将会有突飞猛进的普及。

[20:32]

[威名远扬]：

太极拳和八卦掌有什么联系吗？可以在一起练习吗？

[20:33]

[牛老师]：

威名远扬网友，你好！我认为应该练好八卦掌，或者是先练好形意拳，再练太极拳。

[20:33]

[匿名]：

您认为如何解决青年人加入到武术运动行业的问题？

[20:33]

[牛老师]：

青年人应该意识到武术是我们祖国的文化遗产，应该像日本人重视相扑一样，像泰国人重视泰拳一样，如果我们的青年都提高到这一步，发扬我们中国的传统文化，那么将会有很多青年加入武术运动行业。

[20:34]

[匿名]：

请问在三种拳中，您现在练得最多的是哪一种？

[20:35]

[牛老师]：

在这三大拳中，我现在练得最多的是太极拳。我壮年时练得最多的是形意拳，而后是八卦掌，再后是太极拳。

[20:35]

[物理学家]：

一个人练了推手的功夫后，站在当地十几个人一块推都推不倒，这不符合物理学原理，您怎么看？

[20:35]

[牛老师]：

物理学家网友，你好！如果你敛住臀、含住胸，在对方满"身"上找到支点，五六个人、十个人推不动是不奇怪的。

[20:36]

[匿名_1]：

牛老师，您能对后辈们提点要求或期望什么的吗？

[20:36]

[牛老师]：

我希望我们全国上下都把武术看成我们祖国的文化遗产，大家都重视它，把它视为国粹，像日本人重视相扑、剑道一样，从小抓起，各个小学校都开始武术基本功的练习，一直到大学毕业，我相信我们的武术前途是非常光明的。

[20:37]

[牛老师]：

谢谢大家与我在网上交朋友，我有说得不对的地方，也希望大家多提意见，如果有人愿意跟我交朋友，可以给我打电话65686799，手机是13901238697，牛胜先。

[20:38]

[无数季节]：

如何练习太极拳的发劲？

[20:39]

[牛老师]：

有网友的问题没有回答,那就下次有机会再回答吧。

[20:39]

[主持人]：

非常感谢牛老师到博武网作客,非常感谢网友的积极参与,下次直播再见! 谢谢大家! 再见!

[20:40]

象子练功心得

形意拳入门三要素

广州市武协形意拳会秘书长　胡德开

从 1996 年起，我追随牛胜先恩师学习形意拳、太极拳、八卦掌和岳氏连拳等拳械。牛老师所教的形意拳，源于孙禄堂宗师的大弟子李玉琳嫡传的李天骥先生，与我原来在南京、上海所习及所见之形意拳皆有明显区别。在教习过程中，他非常善于抓根本、打基础、找关键，形成了自己独特的一套科学有效的训练方法和秘诀，这种方法对于尽快找到练形意拳的感觉，以及尽早入门十分管用，本人姑且将此秘诀归结称为形意拳入门"三要素"。一是特别注重松沉敛顺；二是特别注重三体式桩功；三是特别注重抓劈拳。本人认为，这"三大要素"既是练对、练好形意拳的根本所在、关键所在，同时也是牛老师所教形意拳的特点所在、秘诀所在。按照"秘诀"要领认真练习并持之以恒，就能改掉练形意拳常见的挺胸、提腹、努气、拙力四大毛病，找到松胸实腹、呼吸顺畅、内外和顺的感觉，所站的三体式就有"落地生根"的感觉，所抓的劈拳就能生成上下通达、内外协调的整劲。通过十多年的学习实践，我的体会是，掌握并运用好这些秘诀，就扭住了形意拳的"牛鼻子"，就把握住了总法则、总开关和总钥匙，才能练对、练好、练精形意拳，才能真正步入形意拳殿堂。现就此问题作一个浅探，谈些不成熟的见解，供形意拳同好者研讨。

把握总法则：切实做到松沉敛顺

表面看来，形意拳拳势刚烈，力量充实，但其要领却与行云流水的太极拳十分吻合。二者都有虚心实腹、含胸拔背、沉肩坠肘、气沉丹田、塌腰敛臀等基本要领。为此，必须自始至终、一以贯之地坚持做到松沉敛顺，这是练好形意拳以及其他内家拳的总法则。

一方面，要切实做到内外松沉。对内而言，心要松虚、意要松静、气要松实；对外而言，肩要松沉、肘要松坠、胸要松舒、腰要松展、胯要松缩等。对内而言，心意之松，主要是指练拳时，拴住心猿意马，保持意念安定。所谓"清虚其心""宁神息虑"，就是要做到心平气和、聚精会神，排除心浮气躁等练拳以外的杂念，做到"练拳好似前有人"，实现以意领气、以气催力的目的。气之松实，主要是指气沉丹田、舒胸实腹。以意念导引，通过周身肌肉、关节的放松舒展来实现，只有气沉降下来，周身劲力方能随之下沉，神气收敛入骨，这时肩、肘、腰、胯各部关节肌肉都有舒松自然、向下松沉的感觉，则下盘必稳如泰山。对外而言，松肩也称为"沉肩"或"垂肩"，练习中，随时注意肩关节松沉，肘关节松坠，肩窝处微向后收引，使上肢关节肌肉自然生成一股内在争衡力量，使上肢动作沉稳扎实。松胸又称"含胸""舒胸"。是指胸部舒松含蓄，不可挺胸外凸，含胸与拔背是相互联系的，做到了拔背也就体现了含胸。形意拳要求腰部始终要塌住劲，起到主宰作用，但塌腰绝不是腰脊僵滞，而是要松展自然，富有弹性，成为上下肢动作的枢纽。站桩时，胯要放松，同时向里缩劲，与敛臀相结合，可保持上肢正直；动作时，胯部要松缩，可以避免上体俯仰歪斜，保证周身在进退中完整一致。

另一方面，要切实做到内外敛顺。内敛是指内敛心志，凝神聚气。外敛是指敛臀。敛臀是内家拳最重要的要求之一，也是内家拳术与其他拳术的本质区别之一。从孙禄堂到李玉琳，再到李天骥等，历代内家拳大家均极为强调敛臀的重要性。只有敛住臀，周身之力方能一松到脚，由脚跟到腿、到臀、到腹部、到腰、到胸、到肩、到肘、到腕、到手、到指尖，这样周身之力才能成为一个完整的体系，周身的劲道才能得到有效运用。内顺是"调息"，在自然状态下，使气息深长、匀细，呼吸通畅无阻，不勉强憋气，实际上就是指心与意合、意与气合、气与力合的内三合；外顺是"调体"，把全身上下、左右、前后以及大小肌肉群、关节等所有参加活动的部位都调配好，上下和顺，均衡自然，具体来说，就是手与脚合、肘与膝合、肩与胯合的外三合。说到底，内外和顺就是六合。

把握总开关：站好三七步三体式桩功

练拳不练功，到老一场空。谈起形意拳，行家里手都知道是万变不离三体式。三体式是进入形意拳大门的总开关，三体式桩功站不对、练不好，则永远练不好形意拳。站三体式，是形意拳最基本的桩法，也是最重要的功法。故有"万法出于三体式"之说。

三七步单重三体式桩功最难练。从目前形意拳各流派看，三体式练法大体有五五步、四六步和三七步之分。牛老师所教的形意拳三体式，是由郭云深先师改创的三七步单重三体式。究竟哪种更好呢？姜容樵先生在其《形意拳母拳》一书中披露了这个秘密："闻李存义、张兆东（占魁）两先生云，形意拳至郭云深先生一变，不用双重腿，惟今之传者，皆双重腿，取其易习耳，录之以备参考。"牛胜先老师教我们的这一支形意拳，其传承脉络是：郭云深传孙禄堂、孙禄堂传李玉琳、李玉琳传李天骥、李天骥传牛胜先、牛胜先传我们。据我们了解，一百多年过去了，至今除了孙禄堂老先生传下来的孙式三体式这支是这种三七步单重三体式外，其他仍多为五五步双重三体式。

三七步单重三体式桩功最长功。在三七步单重三体式的基础上，再按照三体式"九字诀"要领，对身体各部位的基本要求练习桩功，经过一段时间的训练，则自然就有功夫上身了。"九字诀"为一顶、二扣、三圆、四敏、五抱、六垂、七曲、八挺、九抽。这"九字诀"是古拳谱"八字诀"的创新版，其中"九抽（缩）——肩根抽（缩）、掌心脚心抽（缩）、大腿根抽（缩）"是牛胜先老师的研创。应该说，只要站对了形意拳三体式，一般人是轻易推不动、拉不动、抬不起胳膊来的，也只有这样，才算真有形意拳桩功。要练就轻易推不动，则要特别注重敛（顶）臀；要练就轻易拉不动，则要特别注重后臂之沉肩坠肘坐腕；要练就轻易抬不起胳膊，则要特别注重前臂之沉肩、坠肘、坐腕及虎口撑圆和食指上挑等。实践证明，我们师兄弟照此方法练习一段时间后，就可以找到"老树盘根"和"千斤坠"的感觉。

三七步单重三体式桩功最有效。久站三七步三体式，可以稳固周身，坚实根基，舒筋活络，抻筋拔力，通行气血，实内坚外，是内外兼修的功夫。其功效大体有六：一是可以增大上肢的支撑劲力；二是可以增加下肢的肌肉、骨骼、经筋的坚韧性；三是可以使腰脊增大劲力；四是可以有助于两肋的开扩；五是可以通行气血于周身；六是可以储气增力。从而达到内壮外坚、洁内华外之目的。同时，因三体式是劈拳的定式，所以三体式练好了，则为练好劈拳奠定了坚实而有力的基础。

把握总钥匙：练顺练整劈拳

五行拳是形意拳母拳，劈拳是五行之首，也是五行拳中最基础、最重要、最难练、最复杂的拳法。习者只有下大功夫和苦功夫，并不断加以体悟和领会，才能找到练劈拳整劲的感觉，才能拿到形意拳入门的金钥匙。

从柔慢入手，力求换劲找劲。据说，当年孙禄堂老先生教劈拳是从柔练起，初学者只要求身体舒展，两手起落划立圆，劲力顺达舒畅，步法稳健，不求快但求顺，切忌憋气拙力，主张用意不用力，循序渐进，换劲找劲。牛老师也常说：形意拳要找太极劲、太极要找形意拳劲。劈拳是形意拳的入门拳，练对拳路、劲路至关重要。因此在练劈拳时，要按照太极拳松沉柔顺、流畅圆活等要求，慢慢地练、平心静气地练，才不至于顾此失彼，才能扎扎实实地把刚柔兼济的形意拳劲练到身上来。实际上，任何拳种皆有练、演、打三种不同的练法。形意拳也不例外，表演及打用时，必须是动作分明，刚柔相济，干脆利落。但在平时练功时，则必须松练、静练、慢练，用心体会每一招每一式，在练对练顺的基础上，练功找劲，逐步打出整劲来。

从定步入手，力求练对练顺。劈拳打的是整体力，周身一体，一动无不动，发力也是全身整劲，不能局部用力。因此，要想练好劈拳，必须先练定步劈，练顺后，再练活步劈，定步练法为体，活步练法为用。练定步劈拳时，除了要按照上述松沉敛顺及三体式的要求外，还须注意以下几个细节：（1）小指翻天。前手钻出的拳，要边钻边由内向外螺旋，要旋到小指一侧向上，即旋到拳心不是平向上而是斜向外、向上。只有小指翻天了，才说明肘内裹、下坠了，才是形意拳的拧裹劲。肘外张是无法使小指翻天的。（2）后手前劈、前手后抽不离螺旋劲、不离中轴线。后手向前劈时要边翻落、边下劈、边向内螺旋、边向前下挣拧，前手后抽时也要边翻落、边后抽、边向内螺旋、边向内下裹抱，内旋时肘不得外张，要保持沉坠，看住两肋，守住中轴，合住心气，稳住桩架。(3) 两拳相遇才发力。双臂交错时始终合住拧裹劲，"手见手分"，两拳相遇时双臂翻转，腕掌迅速翻转180°向前下方劈出，这样能充分发挥力矩的优势；同时，注意前后手用力均衡且均等。(4) 手脚齐到。"心气一发，四肢皆动"。要做到手脚齐进齐落，拳法、步法不先不后，上下合拍，同时并进，达到"手脚齐到才为真，浑身齐到人难当"的要求。(5) 着力点在前臂尺骨近腕处。劈拳手型有用掌的、有用拳的，其实都无关紧要。因为劈拳真正的打击部位用的是尺骨近腕处，这里才是"劈拳似斧"的斧刃，击打硬度高、打击面积大、杀伤力强。

　　从催三节入手，力求练实练整。要练出劈拳的整劲，达到周身完整一气，离不开催动三节，三节齐催而劲整。三节指梢节、中节、根节。因为形意拳劲力的启动和发放都离不开三节，所谓"三节不明、周身是空"，"三节合一、腰为主宰"。即以首领身、以腰催胯、以胯催膝、以膝催足、以肩催肘、以肘催手、以手催指。在此，以左钻右劈式为例，当左拳从胸前向上、向前钻出（同时左脚向前垫步）时，它所体现的劲力，从整体上看是起源于足，中转于腰，发放于手；紧接上式，当右拳从胸前向上、向前劈出时，从局部上看是由腰间发起，腰催肘，肘催手的过程。所以，它不只是手臂的力量，而是后足蹬地，拧腰顺肩，周身而发的整体之劲，这样才能保证在手被对方阻挡拦截时，肩、肘仍在向前催，在被阻截处发放劲力，这正是形意拳"拳打三节不见形，如见形影不为能"之妙处，就是整劲的具体体现，就能发挥出"脚打七分手打三""去意好似卷地风"的威力来。

先礼子胡复丹

劈拳练要浅悟

广州武协形意拳会会长　马劲轲

劈拳乃形意拳五行拳之首，既是形意拳之基本功，更是练好形意拳之关键所在。劈拳练得不精，想练好形意拳便无从谈起。我师从牛胜先老师习拳二十余年，不断耳闻老师强调练习劈拳对于形意拳之重要。老师年轻时曾日习劈拳一千把，坚持6年从不间断，靠此打下了深厚的功力基础。在此，我就根据自己练拳近三十年的经验，谈一点练劈拳的自身体会。领悟尚浅，挂一而漏万，敬请大家指正。

一、劈拳之总纲

劈拳其形似斧，有劈物之意。故按传统说法，劈拳属金。金者，主向下、肃杀、收敛也。孙禄堂在《形意拳学》中说，劈拳是一气之起落，即气之起落上下运用，手起而钻，手落而翻，起亦打，落亦打，如水之翻浪，此亦形意拳之要义也。

在形意拳的训练体系里，劈拳是最重要的内容之一。劈拳里包含了起钻落翻、挣拧裹抱等形意拳劲力练习的基本要领，劈拳拳势要求肘不离肋，拳不离心，内外相合，上下相随，松静沉实，和顺严谨。习练有时，必能周身完整，劲力浑厚，举手投足之间无不自然而然合乎规矩，则形意拳小成之境可期也。

形意拳是朴实无华的实战功夫，需要扎扎实实地练习，来不得半点虚假和浮躁。要想练好一门功夫，越是基本功就越重要，比如盖房，地基打得不深不牢，房子没盖几层就摇摇欲坠了。牛老师喜欢用书法来类比，常说练拳如同练书法，练书法以一横一竖的练习为首要功夫，一横一竖都写不好，就别想能写好任何字，形意拳则当以三体式、劈拳为首要功夫。老师还说，形意拳最喜欢笨人，最欺负聪明人。聪明人自以为聪明，总想找捷径，但其实功夫除了老老实实地反复练习五行十二形，并无捷径可走。

形意拳首重功力。拳术虽有招法，但练拳者切忌被招法拘泥，否则未得其利，反受其害，尚不如不练之人。没有功力为本，招法只是无本之木、无源之水，再精妙的招法也变成了花拳绣腿。而功力深厚之人，一拳一脚、拈花飞叶皆可伤人。昔日郭云深祖师能以半步崩拳打遍天下，没有深厚的功力做基础，是万万做不到的。郭云深祖师把形意拳进阶分为明、暗、化三层功夫，也说明了形意拳首先要练出功力。老师常说，练拳就是"没劲去练劲，有劲不用劲"，意思是初习武者不免功力薄弱，或空有一身力量却不懂协调运用，因而劲力散乱，此时必须先练功力，使劲力完整雄厚。功力达到一定程度后，再学习运用之法，不蛮用乱用。如同徒手之人先给其一把刀，再学刀法运用。手中无刀，学任何刀法只是徒然无功。

那什么是功力呢？功力与肌肉力量有关，但又非肌肉力量，功力是桩功、速度、反应以及劲力的松沉、协调、完整等等基本能力的综合表现。内家功力深厚之人，不一定有断砖开碑之功或力举千斤之力，也许外表看上去平平无奇，甚至矮小瘦弱，但与人一搭手，对手就会有棉里裹铁一样的感觉，沉、粗、厚、重，难以扳动或抵挡。我和老师搭手时，感觉自己就像在海浪中摇摆的一叶扁舟，有随时失重之感，无处着力，处处不得力。而老师发劲的瞬间，眼神一瞪，神意一领，劲还未至就已让人有一种毛发陡然竖起的惊惧感。

五行拳练五种劲力，是形意拳之基本功，而劈拳又是五行拳之基本功。劈拳所练，乃拧裹钻翻的周身整劲，崩钻炮横乃至形意拳百拳，皆以此为基，故劈拳又是形意拳百拳的基础。反复练习劈拳，假以时日，功力必然长进飞快。孙禄堂门下形意拳八卦掌太极拳三拳合一，却始终以形意拳作为入手功夫，正是因为练习形意拳尤其是劈拳容易出功力的缘故。

二、劈拳之要领

劈拳之要领，除做到八字（顶、扣、圆、敏、抱、垂、曲、挺）等基本要求外，我认为以下几点，是比较容易被忽视却又极其重要的。

凝神静心。所谓内家拳，就是要先修内再练外，此要旨须切记不可忘。故练拳首要平心静气，不可带情绪练拳。按传统说法，喜伤心，怒伤肝，思伤脾，忧伤肺，恐伤肾，七情皆可伤身。故练拳之前，须先以无极式站立，平定情绪，调息静心。直站到凝神一处，遗立天地，无形无相，空空洞洞之际，此时一念初生，静极萌动，才开步练拳。所谓无极生太极拳，内家之理与道相合也。

呼吸相合。劈拳属金，在身则属肺。传统说法劈拳练肺，也说明了呼吸对劈拳的重要。练习劈拳，除发劲瞬间外，呼吸要以自然为本，做到深、细、长、匀四字要诀，切忌挺胸、提腹、憋气、努气。有人说练拳须用逆腹式呼吸，谬也。拳势亦须配合呼吸，以"起吸落呼、蓄吸放呼、变吸定呼"为原则，即前手抓回时吸气，两拳拧翻时呼气，前手上钻时吸气，钻出时呼气，后手上钻时吸气，下劈时呼气。如此调息往复，口鼻呼吸之后天气逐渐引动先天真炁，久而久之自然带脉充盈，手脚有热胀之感，体内真气流转，内劲日渐增长。

含胸敛臀。含胸和敛臀是练习形意拳首先要做到的两个关键要领。挺胸撅臀是练拳很常见的毛病，有的人可能觉得挺胸撅臀好看，但实际上却是最有害的大忌。挺胸则气必不能下沉，而壅塞于胸，久练容易出现气促、胸闷甚至胸口疼痛等各种症状，不但不能强身反而伤身。撅臀则身体上下不能相连，无法达到劲起于脚，主宰于腰，形于手的整劲要求，劲力必然不整，桩步必然不稳。也有人嘴上说要含胸敛臀，实际做起来却不是那么回事。含胸不能驼背佝偻，要把握合适的度，过犹不及，关键是能使胸部放松，呼吸自然。而敛臀则尾闾一定要尽力前翻，否则就没有敛到位。敛臀的感觉，可以体会一下那种双脚站地，屁股蹲坐在高台边沿的感觉，再用一句直白的话说，其实就是自己坐在自己胯上。所以说，敛臀是形意拳相当重要的关键，臀敛住了，那么其他什么塌腰、坐胯、圆裆等要领也就自然做到了，才能上下相连，练出整劲。有句老话说"宁教十手，不传一口"，敛臀就是这一口不轻易讲透的关键。

慢练细磨。练拳一定要慢，只有慢练才能细磨，才能把劈拳越练越精。老师要求我们练习劈拳以定步为主，就是为了能够把拳练慢练细。不要小看慢练，在形意拳上真正下过功夫的人就知道，拳越慢越难练。慢练对重心控制、手脚协调的要求更高，也更容易体会到劲力在身体各部位的传递和流动。动作一慢下来，很多问题就会放大暴露出来。只要动作中稍有散乱之处，整个人就会别扭无力，歪斜不稳。而快练，很多细节上的瑕疵也就轻易被掩盖过去了。

中正严谨。中正之含意有二，一是指立身中正，不偏不倚，身体既不前俯后仰，也不左歪右斜；二是指力不出尖，无过不及，发而皆中节。孙禄堂以中和作为形意拳的要旨，不中和则无以合道，失却内家本意。严谨之意亦有二，一是指动作严密整齐，劲力无松懈散乱之处；二是指动作分毫皆合于规矩，尤其是初练阶段，无任何多余动作。练习劈拳，必须扎扎实实，每一动作严格按照规矩去做。只有先将所有外形动作有意入于规矩之中，才能逐渐做到举手投足之间从心所欲不逾矩，整劲自然而出。

劲力凝聚。劈拳的劲力切忌散乱。形意拳要求两肘不离肋、两拳不离心，强调的就是劲力必须要凝聚，要通过两臂与身体的摩擦，把身上的劲用出来。劈拳的动作，两手起落开合，要始终不离身体中线，两肘也要尽量靠近中线，把劲尽量向中线凝聚。我们说劈拳似斧，这把斧子利不利，就要看劲力能不能凝聚到一起了。

周身一家。练习劈拳，必须上下相随，周身协调。拳谚说，"手脚齐到方为真"。行家看拳，不用看你动作如何，只要听脚步声就能知道劲整不整。形意拳的劲起于根节，随于中节，达于梢节，通过身体各部位的协调动作，使内外相合，周身成为一家，全身的劲作用于一点，从而达到整体发劲的最佳效果。

三、劈拳之用意

精神专注，神气内敛。内家拳以中和自然、抱元守一为要旨，神气要内敛，精神要专注而不涣散。内家拳高手练拳和实战，精神总如灵猫捕鼠，一触即发，但表情却平静自然，喜怒不形于色。拳谱有言，要内固精神，外示安逸。练起拳来或实战中哼哼哈哈、咬牙切齿、怒目狰狞的，必不是内家高手。

默识揣摩，无物似有物。练习劈拳，要懂得默识揣摩，观察体会每个动作和劲力的细微之处，稍有不顺之处立即觉察和纠正。无物似有物，是说劈拳可假借意念想象来达到体会整劲之目的。如前手抓回时，可在意念中想象前手抓着一根拴着重物的绳子用力拉回，重物之重，需全身上下一起用力方能拉动。前手上钻时，可想象自己如茧中之蚕，要用尽全身之力方可挣破茧之束缚。后手上钻下劈，可想象自己如一把利斧，手脚即是斧刃。上钻时尽力使周身束裹，凝聚蓄劲，如磨利斧刃。下劈时手脚相合，劲力猛然爆发，如劈斧入木，无可阻挡。

举轻若重，举重若轻。举轻若重，是说练拳时每个动作都要体会阻力感，虽然身无重物，却需举轻若重，手脚每一动作都要与身体用力相摩，似有重物牵住手脚无法移动，要用尽全身之力克服阻力才能动作。老师常提醒我们"要练出身上的劲"，内家拳练的不是一手一脚的力量，而是要练出身上的劲。所以在练拳时，可以借助意念体会运动的阻力感，以达到全身上下一致用力的效果。举重若轻，是说练拳可借助重物，如可手脚绑上沙袋，沙袋随功力加深亦不断加重，虽有重物却如无物矣。

四、劈拳之进阶

站好三体式。练习劈拳，先要站好三体式。三体式是劈拳的基础，形意拳老话说"入门先站三年桩"。以前形意拳老一辈教拳，三体式没下够时间下够功夫，是绝对不会教下去的。三体式又是劈拳的定式，三体式站得好不好，和劈拳有直接的关系。

练好定步劈拳。老师要求我们练劈拳必须以定步劈拳为主，扎扎实实做好每个动作每个要领，不贪多求快，练一拳要有一拳的体会，练一天要有一天的收获，先求质再求量，方能有一步一步的进步。

先求和顺。初练劈拳，切勿先求力，求力则被力拘，先求动作熟练和顺，和顺则能自然生力。其次再求劲力通达，束展开合、一蓄一放间，如火药之燃放爆炸，用老师的话说，"你有多大劲就给我使多大劲"。再次则求劲力圆活完整，连续不断。总之，练拳就是一个由粗到细、由方到圆、由断到连、由僵到活的进阶过程。

五、劈拳之验证

　　五行拳每拳皆有验证之法，但现在很少有教形意拳的老师提及。一来也许所在门内无此方法，二来即使是验证，功夫深不深一试就知，因此很多老师也不愿让徒弟在自己身上试验。而牛老师教我们验证之法，从来都是亲自示范，让我们大胆地在他身上试验。我将劈拳之验证总结为静、动二法，即定式验证和劲力验证。

　　定式验证。用三体式站好，让别人抓住胳膊，用力推、拉、压、抬，能够纹丝不动，拉不走，推不动，压不垮，抬不起，才算是出了初步的整劲，达到初步效果。

　　劲力验证。先与同伴面对面站好三体式，以单手或双手按于同伴胸前，然后脚前趟后蹬，手上搓下劈，用劈拳的整劲将其拔起按飞。用此方法可验证劈拳发劲功夫的深浅。

　　要注意的是，验证法不同于实战对敌，验证的目的在于检验自身功力的大小，并非直接用于实战。所以千万要搞清楚，这里可不是说大家实战时亦站住不动任对手进攻。如定式验证，检验的是桩步功夫，桩功并非仅仅是让别人推不动拉不动这么简单，内家发劲起于脚，桩功也就是发劲的根基。

　　我很庆幸在年轻时就有缘遇到了牛老师。随师二十多年，学习了形意拳、太极拳、八卦掌、武当剑和道家功夫，深感牛老师是名师中的真明师。老师教拳，注重实战功夫，讨厌花拳绣腿，拳理直截了当，从不故弄玄虚。老师常说，当年老一辈怎么教我，今天我就怎么教你们。老师为人，恪守传统，尊师重道，以待天骥师爷如父为我们做出了榜样。老师性格刚直不阿，嫉恶如仇，爱憎分明，常看不惯一些弄虚作假、夸大吹捧之事，直言之下又往往招来嫉妒毁谤。从老师身上，我看到了老一辈武术家的影子，牛老师也是我习武做人的楷模。

先朴子马复朴

一段武当剑　今生武道缘

广州市武术协会形意拳会名誉会长　林帅

我自小在崇文尚武的海南岛乐东县黄流地区长大，乐东人民自古以淳朴、刚直、勤劳、勇敢著称。由于背山面海的地理、历史条件，强悍之武风，历年久远，素有"十男九武"之说，很多男性年轻时都有习武的经历。据说，乐东民间武术兴于明清，到民国时期，武术之风盛行，各个村庄都有以教拳为生的拳师，流传的武术拳种主要以南拳、螳螂拳为主。

1981年我接到福建华侨大学的录取通知书，由于当时我个子瘦小，家父要求我练武强身，在其帮助下，我拜在当地著名武术名家郑义平老师门下，学习螳螂拳和散手搏击技术。郑老师觉得我这个学生身手还算敏捷、聪慧可教，遂收为关门弟子。由于郑老师门风注重实战，以"打了再说"的务实作风在当地武术界颇有声誉，我和其门下弟子都练就了一种喜欢以试手辨高下的强悍武风。

1982年我考进校武术队，在教练朱福星老师指导下系统学习长拳、南派少林拳、醉拳、螳螂拳、十二路弹腿、棍术、剑术套路和散手搏击技术。华侨大学里海外归来求学的华侨子弟比较多，他们当中有一部分人擅长西洋拳法，经常和我切磋，由此我便增长了实战经验。大学四年级起跟随朱福星老师学习太极拳和八卦掌，感受到内家拳的神奇并喜欢上它，可惜临近毕业，所学有限。

1985年毕业到广州工作后，学习内家拳的愿望更为迫切，心中总有一个神奇的信念，相信总会遇到一个内家拳高人。于是我一边教学生练习搏击，一边到各公园寻访内家拳名师，先后接触过广州太极拳协会的一些老师，他们大多是只会几个太极拳套路，确有推手功夫的很少，懂得太极拳技击应用的几乎没有，真正擅长八卦掌和形意拳的更是没有遇到过。

正当我对此感到失望的时候，1988年中秋期间，我在广州东山湖公园偶遇了我的恩师牛胜先老师。当时我正在公园教授学生练习搏击，牛胜先老师只是在旁边随意比划了一段剑术转身就走，后来我才知道这是传说中的武当剑。老师动作可谓轻快稳健，动如轻风，稳如山岳，一击之间，恍若轻风不见剑；万变之中，身行如龙，剑行如电，走化旋翻，轻稳疾快，其劲道之干净利索，动作之飘逸洒脱，一看就知道是得道高人。我不假思索地追了过去，"老师，我要拜您为师"，老师当时也觉得很惊诧，就问"你会练什么"，我说会八卦掌，还没等老师反应过来，我就在其面前表演了一段八卦掌，心想应该得到好评，没想到老师说了一句："你这不叫八卦掌。"随即，老师演练了一段八卦掌，只见他行如游龙，回转若猿，威猛如虎踞，换势似鹰盘，滚钻争裹，走转拧翻，身随步走，掌随身变，变如闪电，稳如磐石。我相信这就是梦中多次所遇到的真人了。我问老师八卦掌实战中如何应用？我一边说一边出拳，朝老师打过去，老师一个侧闪，一个撞掌，还没等反应过来，我已被弹出几米之外，我完全折服了。后来才知道我遇到的是中国武术泰斗李天骥老师的高足、原北京太极推手队总教练、道教龙门派第十三代传人——牛胜先老师，真所谓"真人不露相"。自那时起，我就拜牛胜先老师为师，成为其广州的第一位学生，跟随其专心学习太极拳、形意拳、八卦掌、武当剑及道家养生功法，获恩师赐道教龙门派道号"复金"及道教龙门千峰派道号"先慧子"。由于得到恩师的悉心调教，1991年我获得了广州市武术比赛剑术（武当剑）冠军和八卦掌第一名、广州市太极拳（剑）比赛的剑术亚军（武当太极剑）等好成绩。

在内家拳的技击实战方面，与其他名师"只知其如何练，不知其如何用"情形不同的是，牛胜先老师精通太极拳、形意拳、八卦掌在技击中的应用。经常指导我如何使用内家拳特有劲力与技击中手法、腿法进行组合，使搏击中常用的一些手法、腿法的速度及力道更加合理。牛胜先老师鼓励我要刻苦钻研，学以致用，在实际应用中印证所学，领会武术精髓，发扬光大门派。

除在武术上有收获之外，在道学研习上也收获颇丰。通过修炼道家养生功，使我原本虚亏的身体变得强壮，同时经牛胜先老师点拨，自己对道家鼻祖老子的《道德经》一书产生了浓厚的兴趣。《道德经》短短五千言饱含人生智慧，其无为的思想深刻影响后世，辩证的观点更是在西方产生强烈反响。经过多年对《道德经》的研读，我参悟了许多为人处世之道和经商理念，让我在经商活动中获益良多。

踏破铁鞋求真功　牛师德艺为正宗

　　广州　张希凡

　　我从小在父亲熏陶下习武，小时候常常胆战心惊地看父亲以武会友，在家里的小院子跟不同的人"黐手""过招"，自然也被父亲或他的武友们调教几下。10岁开始系统学拳，先后学过蔡李佛散手、峨眉岳门拳、侠拳和跆拳道，还有自由搏击。直至1993年，一个偶然的机会认识牛胜先老师，才真正认对了师门。

　　作为一名武痴，我一直为没有练对拳而苦恼。要么老师不常在广州，要么教练本身未能解答我对武学的深层次问题。后来转而学习搏击和跆拳道后发现，外国的技击虽然简单实用，但毕竟缺乏中国的文化内涵，这都不是我追求的武学真谛。与牛老师的师生缘，起于1993年《羊城晚报》的一篇报道，记者介绍了一位来自北京的正宗内家拳师牛胜先，在广州体育馆收徒，并介绍了他骄人的战绩。我一下子雀跃起来，连夜骑车从石牌到解放北路的体育馆，谁知道赶到时，牛老师已经下课了。四处打听之下，体育馆的一位工作人员把牛老师在桂花岗的住址给了我。于是我赶去桂花岗，却扑了个空，一位师兄说师父出去吃夜宵了，让我改天再来。第二天我又去了，师父在，听说我连续两天找上门了，哈哈一乐，说了句："这孩子心诚，我就教你吧。"就这样，我开始跟随牛老师学习简化太极拳，不久在我母校暨南大学也办了一个班，吸引了许多学生前来报名。

　　一次试手，将我打进内家拳世界。学完24式太极拳后的一段时间，我心里开始嘀咕了。这么大名气的师父，怎么把我当作公园退休人员那样教这延年益寿的玩意呢？终于有一天，我忍不住跟牛老师说："太极真能打吗？这么个练法，跟我的南拳啊搏击啊跆拳道差远了。"老师非但没有生气，还面带微笑对我说："希凡，你练过不少能打的功夫，今天你就打打我看吧，要出真功夫哦。"我当时是既紧张又兴奋，马上把外套交给站在一旁看我练拳的女朋友，转身就运足劲给牛老师胸前一拳。接下来的记忆，就是我一辈子都忘不了的感受，内家拳功力的真实体会——我不知道自己的拳头碰着什么了，只是感到身体轻轻地飘了起来，继而一股离心力让我瞬间一惊，待我双脚落地时，差点跌坐在老师身后，要不是老师回身一把拉住我，恐怕我得向后滚出好几米。惊出一身冷汗的我慌忙跑过去问我女朋友，你看到刚才老师是怎么抛甩我的吗？她摇摇头说："他没甩你呀，好像是你按着老师的肩自己跳过去的，自己还没站稳。"当时的女朋友就是我现在的太太，这一幕对她来说至今历历在目，而对我则毕生难忘。因为，这就是我心目中的正宗中国功夫，不以力敌，只需借力；无需伤人，巧劲制服——真正的四两拨千斤！

死心塌地追随恩师习武练功，成为铁杆粉丝。自此，我心悦诚服地拜在牛老师门下，除了佩服他那一身"形意桩、八卦腰、太极手"的内家功夫外，还有他那秘不外传的道家功法，而更让我以作为牛老师徒弟而自豪的是，他那视徒弟如子侄的长者风范，以及为捍卫正宗中国功夫的铮铮铁骨。跟随牛老师习武练功，收获的是内气外功；跟随牛老师做人处事，收获的是一身凛然正气。拜师于牛老师门下，不枉半生学武路。

丹道予我灵魂

——美国弟子周易的拜师帖

Niu Shifu（牛师父）：

For thirty one years I have been searching for something to fill a void deep in my soul.（过去31年间我一直在寻觅能填补我心灵空白的东西。）Throughout the years I have searched high and searched low.（在这些年的上下求索之中，）I ran to the navy, nothing changed.（我加入海军，却无改变。）I went a famous school, nothing changed.（我进入名校，亦无改变。）I made money, chased women, bought cars, still, nothing changed（我挣钱、拍拖、买车，依然无有改变。）Then one day on a cloudy afternoon much like today we met.（随后，我们相遇在一个像今天一样的多云的午后。）You did not know me and I did not know you.（您不认识我，我也不认识您。）Never in my mind did I think someday you would be my father.（我从未想过有一天您会成为我的义父。）Last year, when my health was bad and I was scared you told me to stay calm.（去年，当我因健康状况恶化而心生恐惧时，您告诉我保持冷静。）When everyone else said eat medicine, you told me to practice Dao.（当所有人都建议我吃药时，您建议我练习道功。）I am a different person today than I was before.（今天的我与从前的我已经完全不同了。）You have shown me a path that fills the void in my heart.（您为我指明了一条道，可以填补我心灵空白的道。）So, today

March 29, 2008 I kneel before you and ask with all possible respect to become your Long Men Qian Feng Pai Dao Gong Disciple.（所以，在今天，2008年3月29日，我跪拜于您身前，以我最大的虔诚祈求成为您龙门千峰派道功徒弟。）

With Great Respect and Humility
您谦卑的弟子　周易敬上
3-29-2008

武道同修遇明师

中国武术六段　赵增田

时间过得真快，转眼我退休已有 2 年，师从牛胜先老师习武修道也有 30 余年了。

与众不同的教练

1977 年，我在北京东城区演乐胡同俱乐部有幸结识牛胜先老师，他那时在那里担任太极拳、形意拳等武术教练。他给我的第一感觉就是，这位教练与众不同。别人教拳，都是讲完动作及要领，让你来练。而他不但讲动作、做示范，还让你用此动作在他身上亲自体验，然后在体验的过程中，再反复讲动作要领，以此提高大家的练拳兴趣。那个年代，年轻人对太极拳感兴趣的很少，多数人都认为是在摸鱼，浪费时间，远不及对翻筋斗、旋风脚有兴致，根本不想学。即使有人报名，学了没几天，就不辞而别了。唯有牛胜先老师，让大家先在他身上一试，让人感到了太极拳的奥妙与神奇。尤其是他身上的那种让人按不动、摸不着的桩步和空劲，更叫人兴趣大增，由衷钦佩。使一批原本对太极拳不感兴趣的人，高高兴兴地留下来，通过刻苦锻炼，成为武术界的骨干力量。这就是牛胜先老师的高明之处。

在拳术上，牛老师练得可谓出神入化。在拳理上，更能深入浅出、明白透彻。在勇于创新、勇于探索的道路上，把理论与实践相结合，不断提高大家对练拳的兴趣，坚定对练拳的信念与追求。这正是名师中的明师。我们之所以 30 余年棒打不散，除了牛老师武道水平高深、教我们练功夫外，更重要的是，他的行动潜移默化地感染着我们，使我们明白如何做人。有时上课前下起了雨，很多聪明学生不来了。牛老师却顶风冒雨，骑着自行车从八王坟准时赶到演乐胡同俱乐部。面对学生，他说："谁不来都可以，我不能不来，因为我是老师，我要讲信誉！"1976年，唐山大地震的当天，牛老师不顾自家的安危，先带着学生到他的恩师——李天骥老先生家中，去给他老人家搭防震棚。他说，师生如父子，老师家有困难的时候，我们当徒弟的要是不管，还算什么徒弟？炎炎夏日，他同我们一样挥汗如雨，手把手教我们练拳。冬雪严寒，在呼呼作响的西北风里一遍又一遍地教我们如何修碉堡，苦练基本功。

技艺高超的明师

太极拳、形意拳、八卦掌虽然都属内家拳术，但风格却各不相同。刚开始学拳术时，看什么都想比划两下，因此练哪样都四不像，不是串动作，就是串劲儿。老师说，饭要一口一口吃，练什么，就要像什么。各种拳的动作要领，你们自己要好好体会。师父领进门，修行在个人。多年来，我遵照老师的话，在练习中，逐步体会到这些拳在拳理上有很多相通之处，虽然都讲沉肩垂肘，虚心实腹，气沉丹田等，但在练习的方法和劲力上，又有很多不同的地方。练太极拳，就要体现出其"松柔圆活、虚实分明、刚柔相济"，如行云流水般、绵绵不断的特点。练形意拳，则要有其严密紧凑，两肘不离肋，两手不离心，内外相合，起如风，落如箭，硬打硬进无遮拦的勇猛刚劲风格。而八卦掌，更是要体现出那种纵横翻转，随掌换步，随走随变的转天尊的气势。这些风格特点，绝非一朝一夕便能做到，而是要充分掌握其拳理内涵和特点，再加上长期苦练，才能做到。通过多年的练习和老师的指导，我在全国和北京市举办的武术比赛中，取得了传统形意拳剑第一名、太极拳（剑）集体赛第一名、太极推手第二名、表演赛第二名等成绩，被评为中国武术六段。我所教的学生，也在各类比赛中取得了一定的成绩，进入了教师行列。这一切都离不开牛老师的教育培养，我感到自己的所学将受用终身。

精通丹道的行家

随着生活水平的提高，人们对健康的需求也越来越高。除了体育锻炼、吃补药、吃营养保健品外，真正能够了解人体自身奥秘靠自我调节，也就是我们常说的用养生气功方法来保持健康身体，达到延年益寿的人，少之又少。而像牛胜先老师那样，秉承家学，集武术、丹道养生功法于一身者，更是凤毛麟角。我作为一名气功受益者深有感受。

大约4年前，由于某种外力原因，造成了我两侧骶髂关节韧带严重拉伤，腰骶两侧出现许多如蚕豆大小的疙瘩，随之走路也开始困难。外出时，刚开始还能坚持走，到后来，走不了几百米，就要蹲在地上歇一会。我用了很多体育锻炼和医疗方法，均无好的效果。老师知道后说，"我教给你一个气功方法，回去后照着去练"。这个方法，我在别的气功论述中从未见到过，也未听说过，很简单，略懂点气功知识的人，一听就会。如此简单的方法，能否管用，只有练过才能知道。我相信，老师是一位高人，多年来在秉承家学的基础上，勇于探索创新，在武术上，有自己独特有效的训练方法，在道家养生功法上，也有很多自己的独创和感受。按老师的话去做，绝不会错。

回到家中，我按照老师教我的方法去练。刚开始，练了没有几分钟，就有点接不上气，腰骶两侧，也没有任何感觉。几天后，随着对练功方法的调整和练功时间的延长，我的腰下出现了一些发胀发麻的感觉。开始那种接不上气、心烦意乱的现象也慢慢消失，走路的痛感也在逐渐减轻。数月下来，除了腰的左侧，行走时间过长，偶然有些痛感之外，右侧几乎和正常时一样。我对老师所教的神奇功法，真是佩服之至。

　　人之生，气质聚也，聚之则生，散之则亡。古往今来，对于气功的论述和书籍多不胜数。可见气在人的生命中是何等重要。世间对各种治病和养生的方法，除了手术、药物、营养保健品之外，基本上是采取以动为主的体育锻炼方式。而运用气功的方法，则是以静生动，尤其适合于中老年人养生。有些方法还能起到某种医疗效果。有很多对气功的论述，把气说得神乎其神，玄之又玄，让人看不懂看不明，而产生一种神秘感和畏惧感，也就更无从练起了。而牛胜先老师，却能用最简单最通俗易懂的语言和方法，来教人如何掌握运用道家养生功法，治病养生。

　　练武可以强身健体，而道家养生功法，更可以养生益寿。牛老师已年过古稀，仍然精力充沛，在为传播武术及道家养生功法而四处奔走。有人曾问他，您都快80了，为什么还没有老年斑？牛老师微微一笑说，这就是练功的结果。可见道家养生功法的效果之神奇。

　　人生得一知己足矣！吾辈遇一明师幸矣！

金牌教练牛胜先

中国武术七段　张维忠

我从1976年起，跟随恩师牛胜先学习太极拳、形意拳、八卦掌和推手功夫。在他的精心栽培下，通过10年的学习锻炼，终于走上了全国赛场，摘取了形意拳和太极推手的金牌。

在北京众多武术名家中，牛老师尤擅推手，他是在全国比赛中代表北京队获得该项金牌的第一人，此后多年历任北京市太极推手队总教练。在他的培养下，我们一大批学员相继多次参加了全国比赛并获得了众多的荣誉。其中，我参加1986年潍坊全国推手比赛获第三名，1987年哈尔滨全国推手比赛获第二名，1988年兰州全国太极推手比赛获第一名，1992年济南全国武术研讨会获太极推手比赛81公斤以上级第一名，2006年山西省传统武术比赛获90公斤级太极推手第一名，2008年山西省传统武术比赛获形意拳第一名。这些成绩的取得，首先归功于牛老师的悉心真传，同时也得益于自己的勤奋苦练。

如今，我也是将近古稀之年了。回想一路走来，历经了无数次的全国大赛，几十年不间断的学习、研究及传播、教授，我深深感知牛老师所教功法之奥妙精深。他常常寓大意于无形之中，深谙深入浅出之理，使不同阶段的学习者都能有所感悟，各受裨益，这是我们一生都无法到达的境界。

牛老师对武术的挚爱深情、执着追求，对武术发扬光大的贡献，热衷于中华传统文化的传播和始终如一的豪情，常常激励着后学们奋发图强，积极为武术推广普及事业努力着、奉献着！

修炼丹道静为先

千峰普恩会会长　李俊

跟随老师学习道家养生功法已有二十多年了，因受工作和生活的影响，一直未能下大功夫修行，直至今日功效尚未凸显。但在长期的学习过程中，通过自己对功理功法的感悟，将一些学习心得与各位同道做个交流。

道家养生功是一个严谨的修炼过程

道家养生功分四手十六步，普通人若能严格按步骤修行，最终很可能达到出神入化的境界。但由于修行的过程中会遇到许许多多的艰难险阻，修行者会因定力和自身素质问题，未必能够顺利通过，最终导致不能修成正果，所以世间出现了修道者如牛毛、成道者如麟角的现象。尽管如此，修行者若基本上能按照功法修行，虽然达不到最高境界，但强身健体、延年益寿的目标是可以达到的。对大多数人来说，通过坚持不懈的修行，成为一个健康长寿的人，也就是这部功法带给我们的相当不错的效果了。我通过这些年来断断续续地学习和修行，对养生功的钻研和掌握也日渐深刻，它精准地解释了人体的生命现象，提出精、气、神是人身中的三宝，指出了对精、气、神的修炼积累是人由弱转强、由老返少的关键和根本。

收心求静是丹道入门的关键所在

有过修炼经历的同道都知道，各门各类的养生功法几乎都离不开"入静"这一要求。这是练功中基础的基础，道家养生功也不例外。养生功的四手十六步，离了"静"字都是空谈，任何功效都从"静"中而来。静大致是指身体松静、思想宁静和环境安静三者的结合，当然心静是最关键的。为什么静这么重要？我的理解是，庞大复杂的人体新陈代谢活动受制于大脑，大脑状态的细微变化人体都会有相应的反应，在大脑思维活动活跃时，人体内部的器官活动也随之加速，肺部加速供氧，心脏加速供血，脾脏提供养分，肝肾也增加对血和神经系统的反应度，在这种情况下，整个人体随着大脑活动形成了一个高效有序运转的系统，这个系统随大脑指令而启动，在整个启动中，人体通过消耗体能为大脑指令工作，其实用道门内的话来说是人体在居住于大脑中的神识的驱动下快速运转。整个人体就这样一遍又一遍、一天又一天、年复一年、月复一月地服务于大脑神识，不断消耗体能，回应大脑指令。随着时间的推移，人体器官慢慢出现了衰退现象，平时通过饮食获得的体能越来越不能填补因满足大脑指令而消耗的能量，这时人体对大脑指令的回应也开始变得不灵活甚至迟钝，到了这个阶段我们常会有"心有余而力不足"的感觉，继续下去情况会变得更糟糕，身体和大脑指令间的协调性会日渐脱节，因器官衰退也带来了大脑本身的衰退，大脑驾驭不了全身，全身对脑指令显示出无奈，这就是人体真正的衰退了。

那么按照这一观点，我们日常生活和工作中在身体尚未出现衰退时，大脑指令更多地向全身发送静养的指令，让人体上下尽可能多的时间处在自我静养的状态，那么身体器官不但避免了因大脑常出现兴奋状态而加速运转带来的"磨损"，还受益于大脑静养指令带来的创伤修复和能量积聚，这样长期下去，人体的内在组织就会健康，用行话来说就是把身体的精气神养足了，人体本身也会处在一种强壮状态。以这样的基础去修行，功效就来得

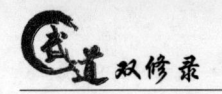

快,对整个人的提升就明显。

  基于上述考虑,我每次练功都要尽力保证自身能达到静的状态,甚至每天的生活都尽可能使内心世界安静些,思维活动简单些,本着随遇而安、顺其自然的考虑,久而久之,人变得随和了,脱离了竞争状态,身体感觉会越来越和谐和健康了,这也为今后下功夫修炼奠定了基础、创造了条件。

先元子李复澄

修炼道功点滴体会

千峰普恩会副会长　陈志文

认识牛师，是 23 年前的一个偶然机缘。认识道理，方知世上确有道家养生之上乘功法。那时自己因父病而急，得一症候，无法治愈而焦虑不已时，在广州巧遇牛师，得牛师恩泽，教授其丹道绝密之功，数日此症痊愈。借此机会，再次感谢牛师传授功法之恩德，如同再生。能认识牛师，能拜牛师门下，实乃自己人生幸事。

23 年侍师，其间不断学习，遂知世间有这等精深、博大、奇妙的学问。在旧时代，养生功法一直为小部分人所掌握和控制，寻常百姓无法探究其中的道理，而有关书籍的描述记载，亦极度隐喻，被蒙上神秘的宗教色彩，或受各个时代不同际遇的影响，更显得一度式微，也就难于造福普罗大众了。

牛师所授养生功法，从首步收心求静，百日筑基；二步收炁降龙、安炉立鼎；三步开通奇经八脉；四步下手炼精化炁……；每一步功法都深入浅出，说得明明白白，将过去三口不谈、六耳不传的养生功法一一道出，让后学者一目了然。只要勤加练习，培练出精、炁、神三宝，准保精神饱满、身体健康，在不断的积累中达到精满不思淫、炁满不思食、神满不思眠而延年益寿的功效。

由于自己个人原因，也因为工作游走于广东、广西两地，事务繁扰难以静下心来专注练功，只是在有限的时间、环境里断断续续地练功。又如牛老师说的：一、三、五、七可单练，自己将干沐浴作为常练项目之一，如鸣天鼓、叩齿、转眼熨眼等，只要持之以恒，也能起到良好的保健功效。

拥有金钱，或可满足物欲，但不一定能拥有幸福，而拥有健康的身体，才可以拥有真正的幸福和快乐。在现今社会，工作和生活节奏的不断加快，对自身身体素质的要求越来越高；每个人只有拥有一个健康的身体，才能赢在起跑线上，才能拥有自己的美好人生，才能造福社会、造福他人，健康的身体是一切生活、工作的唯一保证。

通过对养生功的认识学习，了解各门各派所说及的异同，识别真伪，坚定信念，持之以恒，定能学有所成。

复敬

修炼龙门千峰派丹法初步实证体验

吉林　陈云灿

古人云，"命由天"。且不说命运如何，但一个人的健康离不开先天，是由父母基因决定的，父母的优良基因或不良基因会遗传给后代。我父亲有冠心病、支气管炎、慢性胃炎、慢性腹泻、肾虚腰腿痛等慢性疾病，晚年中风去世。我受父亲基因遗传，上述疾病全部继承，从小就不健康。我长大后为了求健康，学中医、练武术、习气功等，走南闯北到处拜师，结果五十多岁了，不仅没有改变先天，连起码的健康都没有保障，身体越来越差。在我非常失望、听天由命之际，见到牛胜先师父写的《道家养生功》一书。看到对人生壮、老、衰、病、死历程生理变化的解析，并围绕着精、气、神三宝，采取下手炼精化气、转手炼气化神、了手炼神还虚、撒手炼虚合道的修炼方法。顿如黑夜见明灯、久旱遇甘露，我如饥似渴地从头至尾反复拜读，虽然不少内容看不懂，但我是中医，此功法理论与《黄帝内经》完全一致。我开始照书自练，由于不得法，效果不理想。但我坚信，书中内容是真正的金丹大道。于是2008年3月，我毫不犹豫地赶到珠海拜师，学炼龙门千峰派丹法。

光阴如梭，不觉已过6个年头。我通过练功，不仅治好了已病，还预防了未病，补亏返还。虽年近60，但身体康健，精力充沛，觉得越来越年轻，真正体会到"我命在我不在天"。现把这几年练功初步实证体验写出来，作一个交流学习。

一、练功体验

开始,师授意守祖窍收心求静法。我每天一有时间就打坐,意守二目中心祖窍,守来守去,锁不住心猿,拴不住意马,很难入静。师说:"入座后要心平气和,先观鼻尖,鼻观心,神定心安,再守祖窍。如心飞了再收回来,反反复复,习惯成自然,到一定时间就会身心两忘,容易入静。"照做一段时间,觉得能入静,一坐醒来已过半个小时。

修炼一段时间后,入坐守窍不到几分钟就出现,忽悠一下没有知觉,不知时间过了多长时间才醒了过来。接着卧床睡觉,睡眠越来越多,有时睡不醒,自以为这就是入静。我向师父汇报,师父说:"这不是入静,是昏睡。因为练的是阴神,所以睡眠越来越多。其原因,一是腰椎不直塌下来,胸口任脉窝压引起;二是眼闭无光一片漆黑引起。"师父叫我打坐时注意腰椎挺直,双目垂帘不闭、守窍,神光内照,这样入静神智清清,阳炁充足,就不会昏睡。我按师父指点修炼,由于长期习惯性地闭目练功,开始很不习惯,一时很难改过来。开始双目微开,神光内照,不一会儿,又闭目昏睡起来。经过一段时间坚持不懈地锻炼,终于改变了这种弊端。就这样反复矫正,坚持练功百日后,身内元炁逐渐恢复,阴茎经常勃起,这时师父教我颠倒收炁法和无孔笛两头吹法。每天按动静消息下手修起,淫根自缩,意炁自和,心静身爽。

用颠倒收炁法7次收不住,再用无孔笛两头吹法,如此练功半年后,有一天发现生死窍突突跳个不停,师父说:这是夜里走精的预兆,于是传我勒阳关炼精化炁法。由于刚学没有充分准备和不熟练,半夜梦中见裸体美女在石桥边勾引,此时阳起,生死窍突突跳动,我惊醒,没等用勒阳关炼精化炁法,精早已泻出。

从此，每睡前我都会预习勒阳关炼精化炁法，以备二候到时有备无患。

又如此练功3个月，开源节流，固精收炁，能量越积越多。有一天凌晨阳起，生死窍突突跳动，接着精液如猛虎下山之势要冲关外奔，在此千钧一发之际，我惊醒，倾身下手点住窍穴。急用巽风六侯，收住外奔之精炁，结果精宝点滴没泻，干干净净，几分钟就解决战斗。如稍微迟疑，肯定精宝泻尽，就会前功尽弃，真是惊心动魄！收功后发现，全身皮肤有一层油脂，非常光滑，面色红润细嫩，双目黑珠闪光，头发油光发亮，精神十足，好像变了一个人！后来，如此下手炼精化炁多次，身体健康强壮，功效难以言表。师父说，我采的还不是正子时，如正子时按火候采之，功效还要强几倍。

师父又教我开八脉法、固精关门法、提渣法等功法。这些功法我在练功时穿插着做。修炼八脉法后，打坐腿不麻，身内阴气消尽，阳气充足，气血和畅，冬天不怕冷；每天睡前修炼固精关门法，夜晚精炁不走，我练此功三年多，精液一次都没走。修炼金木合提渣法，使体内五脏六腑之病毒及隐病通过双眼提出来，达到了有病治病、未病先治、身体健康的目的。

二、补亏返还

拜师回来，练功约2月光景，入静后自觉全身冒凉气，有时出冷汗。师父说：这是身中阳炁恢复，逼排阴气于体外。

练功百日后开始采小药，自觉身体越来越好，但睡眠增多。这与阳炁恢复、体内阴阳相争、自我调节有关。

2009年1月23日半夜，会阴跳动，精向外奔，用师父传的勒阳关炼精化炁法成功收回。后来成功采药多次。其效果：一是，我原来经常感冒，一感冒就十天半个月不愈。采药后，从此没再感冒，其原因是全身免疫功能增强。二是，我平时双眼经常充血发炎，每天点眼药水，眼睛发花，夜晚不能看书。采药后，眼疾消失，双目黑珠发亮，夜晚看书不花。三是，采精后发现不能吃肉食。吃素以后慢性胃炎、慢性腹泻等消化系统疾病消失。四是，从此不能吃补药，一吃就上火，连滋阴补肾药都不能吃。五是，身体越来越强壮，精力充沛，大脑清醒，记忆力增强。

2012年1月开始，左半身麻木，逐渐发展到左半身骨节疼痛，后来冒凉风，看来这与先天中风有关。师父说："这是用体内真炁，把隐病逼了出来。"我没有害怕，继续坚持练功，每天先用开通八脉法，意运奇经八脉，再打坐入静，阳动收炁，精动采药，约半年后，先从腿部、腰部、颈部逐步好转，最后顽疾留在肩周。又坚持练功3个月，完全治愈，至今没有任何后遗症。看来要改变先天确实艰难！

2013年7月10日开始，咽痒咳嗽，见先天性支气管炎又犯，我用止咳祛痰中药治疗，没有效果，咳嗽越来越厉害，咳出很多痰来，没法打坐。我深信这又是调节先天呼吸系统疾病的开始，因为肺的出口只有喉管，肺内吸尘痰等杂物只能通过喉管吐出，所以，咳出的东西越来越多。我坚持打坐，虽咳嗽不能入静，但咳完满口津液，用师传的吞液法把津液吞入腹，就这样反复修炼约1个月后，咳嗽减轻，吐痰减少。坚持练功3个月后，咳嗽完全消失，但早晨起来还有少量清痰。2014年1月又反复，但咳嗽比以前轻，还是咳痰，但量少，练功无大碍，这次约1个月咳嗽消失。看来要改变先天性体质，呼吸系统疾病最难治！

2014年2月22日开始，全身起红疹，特别是关节部位最多，患部瘙痒不能入睡。几天后红疹越来越多，有的变紫红色、变大、化脓，我服中药荆防败毒散，虽瘙痒减轻，但红疹不退。我深知这又是用自身真炁，把体内先天和后天病毒（如胎毒、食毒等）排出体外的过程，这期间无任何食欲，吃点东西就胀肚，所以我就少吃东西，饮白开水坚持练功，约 20 日痊愈。

从此以后，身体无任何障碍和不舒服，气血和畅，精力充沛，身体健康，自觉年轻了很多。每天兴阳，用颠倒法收不住，用两头吹法，还是收不住，反复收多次，有时腹部胸腔如鼓，全身炁胀溜圆，全身有使不完的力量，饭量减少，经常无食欲，有时几天不吃食物，无饥饿乏力感，体重不减。

三、练功体会

1. 要明师真传

曾有一位大师，传授南派丹法，让弟子每天打坐背诵《悟真篇》，其结果可想而知。性功可以自修自悟，但命功必师传不可。即使把道藏背得滚瓜烂熟，也不能自悟性命双修的下手修炼方法。我得师传后，开始觉得很明白，但修起来，经常走弯路，请教师父才矫正过来。多年来，没有师父的指导，就不可能有今天练功之效。

2. 要清静无为

找明师得真传不容易，得了真传修炼起来做到清静无为更不容易。人的一生离不开名利、地位、金钱、美女、儿女等，很多人为此连性命都不顾，到死不回头。而真正的"道生"就是逆修，把凡人所追求的名利、地位、金钱、美女、儿女等完全放下，做到清静无为，这是很不容易的。上有老人，下有儿女，还没尽到责任，完全放下是不太可能。但是相对做到低调、知足、平常心是可能的。每天奔波劳碌，大事小事缠身，打坐入静是一句空话。心不定则神不安，神不安则不能入静，不能入静则没有阳动，没有阳动则不能采小药，不能采小药就没有炼精化炁，没有炼精化炁就谈不上筑基，筑基都不能，连健康长寿都谈不上，修丹得道更是梦想。所以我除了半天出诊看病外，足不出户，没有特殊情况不与外界联系，减少干扰，减轻心理负担，降低消耗，做到相对的清净。

3. 要控制火气

练功讲火候，如同煮米饭，火过米焦，火不足米不熟。特别是采药后，身内元炁恢复，能量越积越多，必须调节心态，要控制火气。《内经》讲，过喜则伤心，过怒则伤肝，过悲则伤肺，过忧思则伤脾，过惊恐则伤肾。斩断七情很难，但必须控制好，不然体内的无形之火"炁"，容易变成邪火、毒火，不仅自毁，而且损伤身体。尤其采药后，更是敏感。2009年6月，我长兄出国打工出意外，我悲伤过度，一股邪火伤心肺，造成大吐血，加之先天支气管炎变成哮喘，险些丧命。亏了恩师经常开导，不断调心、调身，配合中药调理，约一年才恢复。邪火的表现为：心火盛，口干舌燥，舌红或溃疡，眼大角充血；肝火盛，舌苔黄腻，双眼充血，或眼睑发炎，或眼底出血，或双眼干涩，头晕头痛；肺火盛，口干鼻干，口饮口渴，皮肤干燥，发脱皮痒，面头出疹；脾火盛，口内口唇溃疡，大便不畅或干燥，嗳气腹胀，饮食无味或善饥；肾火盛，牙龈肿痛或化脓，或牙齿摇动，小便色黄等。出现这些情况，最好吃些清火解毒药（三黄泻心汤），减少外出，多休息、多静养即可。

4. 要坚持吃素

刚开始学功时，师父就要求"最好吃素"，但我一直没有在意。采大药后发现，每次吃肉食就腹泻，直至把吃的肉食排净为止，起初还认为是我的慢性肠炎没有治愈。过几个月后发现，每遇肉食，腥味特别大，没等入口就恶心，从此断了肉食，少吃些鱼和蛋类。又过了几个月后，吃鱼和蛋类腥味也大不能吃了，从此完全吃素。吃素以后慢性胃炎、慢性腹泻等消化系统疾病都不知不觉消失了。便色金黄成形，没有太大的臭味，即使肛门矢气也无异味。全身气血和畅，身轻无碍，神清气爽，头脑清醒，能感知体内体外变化。食肉食，容易污染全身，气浊气滞，影响血液循环，影响修炼。我认为采小药应吃素，因体内精炁是上上之药，这时无需肉食补充。

5. 要戒除淫念

要修丹道，必须戒淫不可。《内经》曰："精者，人之本也。"修炼从收心求静，阳动收炁，精动采精，以精为上上之药，做为丹质，继续深修。这是祖师们代代相传的修炼方法，除此以外没有更好的方法。有人说男女双修或看淫秽影片，兴阳收炁，精动采精不更好吗？这是谬论！邪念动炁动精，是浊炁浊精，采了不仅无益而且有害，甚则损命。师父说："动邪念，阳动精动时，用真意收回，元精炁会不入正轨。一是，进入尿道管内，出现烧痛，如刀割一样痛，出现尿频尿急、尿不畅、尿色红黄或血尿。二是精炁经过生死窍，流入左右大腿内侧血管（或阴蹻脉），会出现肌肉内莫名的疼痛，如同风湿性膝关节炎。"修炼过程中，师父讲的这些都有过切身体验，必须要注意。当修到第四步采外药开始必须完全戒淫，不然前功尽弃！为此，千峰祖师强调戒五贼，曰："眼见色则爱起而败精，耳听音则欲起而摇精，鼻闻香则贪起而耗精，口尝味则嗜起而走精，身意遇触则痴起而损精。"又曰："修行人以身为国，以精为民，精不动摇谓之民安，神气充足谓之国富。"做到不起邪念，身心意精不动摇，谈何容易！

6. 要持之以恒

师父说，当年有弟子问柳华阳祖师，《性命法诀明指》写的是不是真的？柳祖师回答说："你要会，它全对；你要不会，全不对。"再好的功法，你不练没有任何效验。我学炼牛师父传的龙门千峰派丹法，通过修炼步步证验，千真万确，都是真的。只是弟子愚钝，不能完全领会师父教导，功效还不能达到师父的要求。师父经常教导我们"世界上没有白给的东西，都是通过一番苦功才能变成自己的"。三丰祖师说"莫把修行眼下观"，尤其是50岁以上的人，从生理上各器官机能已进入衰退阶段，要修复损伤，补足亏损，不经过多年的艰苦修炼是不可能的。就像逆水行舟，不进则退，功效非常缓慢。如果60岁以上更是艰难，必须下更大苦功不可。年轻人练功效果虽快些，但不坚持、不下功夫，炼起来反反复复，只能保健康，连筑基都难。只有安下心来，收心求静，坚持不懈地修炼不止，先求健康，待法财侣地备足后，再进一步深修。

先灿子

追寻明师习武的日子

北京　逯玮峰

偶遇明师

我自幼喜爱武术，是属于那种从骨子里喜欢武术的人。只是小时候苦于没有老师教，我只能从电影、电视上的武打镜头里模仿影视人物的打斗动作，一天到晚学得不亦乐乎，当然，几年下来，一无所获。在我上初二的时候，大概是1982年吧，我从北京晚报上看到天坛体育馆形意拳培训班招生，就和父母商量，要了点儿学费，到形意拳班报了名。当时天坛体育馆教形意拳的有好几个班，我报名时看到有一个班的学员练的拳和我手里的一本《形意拳术》（李天骥著）里的动作很像。我心想，就报这个班吧，正好手里有书可以参考。报完名才知道这个班的教练叫牛胜先。牛胜先的老师就是那本《形意拳术》的作者。当时我乐坏了，没想到我一头撞过来，还真找对了地方。因为那本《形意拳术》我已经看了好久了，只是没人指导，我还不得要领。

第一堂课牛老师不在，听说是去武当山了。我没见着老师，是由班里一位年长的学员代的课。当时是一周2次课，好像是6：30—8：30。直到第二次上课时我才见到牛老师。记得当时牛老师对我们这批新来的学员非常热情，专门把我们叫到一起，给我们讲了他学形意拳的经历，谈到他37岁时，才开始在李天骥老师的指导下下大功夫。我们都还年轻，如果肯下功夫苦练，将来定能大成。告诉我们要下功夫苦练才能把形意拳学好。说形意拳练好了，整个人的身体素质会起根本性的变化。普通人的肚子通常松软无力，形意拳练好了，腹部摸起来就像是个装满沙子的麻袋，饱满而结实，可以抗击打。当时还让我摸了摸他的肚子，确实很扎实。后来上课时，老师亲自给我们演练讲解形意拳的一招一式，并逐一给我们纠正动作。他当时常讲的一句话就是练拳要脱俗。形意拳动作朴实无华，就这么几个简单的动作，你会练，我也会练，但是我练的就要跟别人不一样，让人一看就扎眼珠子。这就是当时老师对我们的要求。当时老师的话和那些示范，都给我留下了深刻的印象，直到几十年后仍记忆犹新。老师精湛的功夫深深地吸引了我。这时我才意识到我很幸运，遇到了明师。我风雨无阻地在那里学了一年半的形意拳。经过一年半的业余学习和锻炼，我的身体素质发生了明显的变化。到了初三下半学期，为了迎接决定人生命运的中考，我不得不暂时告别我敬爱的老师和心爱的形意拳，全力以赴去备考了。当时心想，等考完试我一定再回来跟牛老师学拳。谁知和老师这一别，竟是19年。

寻师19年

世事难料，等我上完学，时间允许了，再回去找牛老师学拳时，老师已不在那里教拳了。那时通信没有现在这么发达，一时间不知道到何处才能找到老师，只好带着无尽的遗憾回来了。

之后的时间里，随着社会的发展，社会上的武术教学资源也极大地丰富起来。各大门派纷纷亮相，今天这个解密，明天那个正宗，这个出书，那个出光盘，让人看得眼花缭乱。但是看遍了能搜集到的所有的武术资料，始终没有人能够吸引我。感觉他们讲的、练的，和牛老师不是一回事。无奈，我只好继续四处寻找牛老师的线索。有一次，我在一张旧晚报上看到了牛老师在王府井开办牛胜先武道馆的消息，第二天就按照报纸上的地址去找牛老师了。只可惜那是张旧报纸，消息已经过时了，我找过去的时候，牛老师的武道馆已经搬家了。后来才知道，这期间，牛老师只身去了广州。直到2004年，一个偶然的机会，我从网上得知了牛老师在九色鹿酒店的消息，便立刻赶了过去。这次终于找到了老师，一算时间，已经过去19年了。

正式拜师

在九色鹿酒店，我向牛老师诉说了19年来四处寻师的经过，并向老师提出了正式拜师的请求。老师也被我的真诚所打动，同意收我为徒。2004年4月，在九色鹿酒店，我终于如愿以偿，得以正式拜师，重新跟牛老师学习武术了，这时我已经34岁了。拜完师，牛老师鼓励我说小邃呀，现在下功夫还不晚，当年李老师正式教我时，我已经37岁了，现在不也练成了吗？你今年才34岁，比我当年下大功夫时还早3年呢，只要肯练，一定能成。

两次试手

提起试手，老师有两次令我印象深刻。终生难忘的试手一定要和大家分享一下。

一次是刚拜师不久，我总是跟老师提起要学推手，老师也总是说先要打好基础，基础打好了，手法好说。其实，我是想体验一下老师技击的感觉。一天，在九色鹿酒店，我们又谈到了推手的问题，我看老师心情不错，就又提起了让老师教推手的事。也许老师看出了我的心思，就另外来到楼道，笑笑说，小邃呀，基本功练好了，这一下儿就好使了。只见老师边说边抬起右手，用掌背碰了我一下，我顿时觉得有一股巨大的力量推着我往后走，由于楼道比较窄，我整个人被这股力量推得双脚离地贴到了墙上，在墙上还有个瞬间的停顿，双脚才又着地。如果不是墙挡着，我肯定飞了出去。我问老师是怎么打的，老师说不就是个挤吗？早教给你们啦，你们自己没练到家呀，真正练成了，双手能挤，单手也能挤呀。

还有一次，是在老师教我们推手的过程中，这时，我已学过一些推手，正属于那种半吊子。老师边讲边伸出手来和我打轮做示范。我一看，机会来了，就在打轮的过程中稍微加了一点儿力，本是想我的功力比以前又提高了，借此机会，向老师汇报一下。没想到我的这一点儿力刚加到老师手上，就感觉自己一个跟跄栽了过去，差点儿倒地。老师反应之快，令人感到深不可测。我一脸的迷惘，问老师是怎么打的。老师说是你自己的劲儿啊，我并没使劲儿，就是点儿反应。还好你给的劲儿不大，再大点儿你就栽下去了，就是明知脚下有一口井，你也会不由自主地往里栽，这个叫"沉鱼落雁"。老师的风趣讲解，听得我们都笑了。

寻根探源

拜师几年来，我依次跟老师学了太极拳、形意拳、八卦掌、太极推手、武当剑。这些东西早年我在天坛武术班就看见师兄们练过，是我多年来心仪已久、一直想学的，这次终于都如愿以偿了。每念及此，心中总是欣喜不已。欣喜之余，我也总有个疑问，为什么老师练的拳，跟其他人练的都不一样呢。有时我拿老师的拳架和师爷的照片作对比，发现也有区别。在练拳之余，我便向老师问及此事。老师听后笑笑说，看来你还挺细心，看出来我练的和你师爷也有不一样的地方，确实有不一样的地方，因为李老师到了晚年，对很多东西做了修改。单说这个形意拳吧，李老师的父亲李玉琳先生，先学于小白袍郝恩光，又学于一代宗师孙禄堂。郝家拳的特点是漂亮，在表现武术的艺术美方面，郝恩光可以说独树一帜。孙家拳的特点是有功夫，孙禄堂在对功夫的理解上，有着超人的悟性。他那么个小个子，能练成那么大的功夫，就是因为他对练功夫的要领掌握得好。李家集合了这两家的长处，经过李玉琳、李天骥父子两代大师几十年的揣摩研究，才把这个拳改成这个样子，所以李家的拳是既漂亮又好使，特别是李老师到了晚年，在总结了自己几十年的经验之后，对许多东西做了改进，这种改进他自己已经实践不了了，就把他的一些想法从我身上体现出来了。所以我练的跟他们都不一样。经老师这么一讲，我才明白了，牛老师练的拳为什会既漂亮、又长功夫。在牛老师的身上，已经把形意拳这个古老的拳种推到了一个全新的高度。经过李天骥的修改，使形意拳的练法更加科学合理，拳架更加美观大方，从而使形意拳进入了一个脱胎换骨、超凡脱俗的新境界。我终于找到了牛老师练的拳那么吸引我的原因了。李天骥不愧为一代宗师，他的拳法乍一看都非常简单自然，但如果想练出点儿味道，可太难了，不下大功夫，绝难做到。无论他的形意拳、太极拳，还是八卦掌，都有这样的特点。这是因为李天骥当年遇到的那些人，都是当时武林的顶级高手。孙禄堂的形意拳、八卦掌，李景林的太极拳、武当剑，都是武林里的一座高峰。在这些人的熏陶下，李天骥对武术有了他独到的见解。这就是我们今天见到的牛老师的拳法。

莫问前程

跟牛老师学武术，不仅学到了那些可遇而不可求的传世绝学，还学到了练功夫的方法，学会了较真儿。通过跟牛老师学武术，也使我明白了功夫是怎样练成的。跟牛老师学武术，不是要学多少套路、多少招式，而是要学要领，学功夫。练功夫，不在招多，而在于精。老师常说有很多人，会几十趟拳，但是一较真儿，一下也没有。在练功夫上，老师对我们要求是极为严格的。比如形意拳，他常说，五行拳是形意拳的基础，三体式和劈拳又是五行拳的基础。只要把这两样练好了，你就算进入形意拳的大门了。牛老师当年就是听了李老师的话，在劈拳上下了大功夫，每天抓劈拳1000把，整整练了6年，终于练成了形意拳的功夫。他把自己的成功经验传授给我们，要求我们也在劈拳上下大功夫。一谈起劈拳，牛老师就说，小滟呀，你别小看这个劈拳，李老师（指李天骥老师，我的师爷）管它叫金不换，就是千趟、万趟，不换这一趟。这一个劈拳就有神奇的效果，练完了你就知道了，只管练就行了，莫问前程。功夫下到了，它不会亏待你。后来我发现，牛老师这种不贪多、不求快、抓住典型、狠练基本功的教学方法，的确是把一个人从普通人变为大师的捷径。这个方法不仅在武术上，在其他领域也同样有效。牛老师自己就经常说，连我都没想到，我能有今天。不是李老师这么教我，我在武术上成不了。说起这件事，还有一个挺有意思的故事。有一段时间，我每天晚上去老师家练拳。有一天，吃过晚饭，看了会儿电视，正赶上中央11台戏曲频道播白燕升对史依弘的访谈。史依弘开始是一个武旦，唱功一般。后来她跟一位声乐老师学习后，变成了梅派大青衣。谈起她的学习经历，她就讲当年她的老师教她声乐时，也不多教，就教了玉堂春里的半句，让她反复练。这半句她一唱就唱了半年。结果半年后，她的唱功大有长进。看完这个节目，也到了练拳的时间，我就按时来到老师家练拳了。见到老师，我把刚才在电视里看的节目跟老师说了，牛老师也是个戏迷，碰巧他也刚看了这个节目。一说起来，我们师徒都有同感。牛老师说："你看，史依弘的老师用的方法和咱们是一样的，不贪多、不求快，在基本功上下大功夫。这个方法，在武术上成就了我牛胜先，在京剧上成就了史依弘。"后来，我女儿学钢琴时，我从一本钢琴书上看到一位钢琴大师的话：要学好钢琴，不要着急学多少乐曲，要在指法和音阶上多下功夫。我立刻就明白了这句话的意思，原来大师就是这样练成的。从此以后，我更加坚信老师的话，要学好形意拳，就要在劈拳上下大功夫。用心去练，莫问前程。

十年一剑

自2004年拜师以来，老师陆续教了我形意拳、八卦掌、太极拳、太极推手，还有武当剑。老师的这些东西，件件是精品，都是我在心里惦记了多年的东西。有很多跟了老师多年的徒弟，都没有把老师的这些东西全学走。因为这些东西老师自己学的时候太难了，他总是不肯轻易把它们教人。也许是我19年寻师的诚意感动了老师，老师最终把这几样都教给我了，使我如愿以偿，我在心里永远感谢他老人家。现在，太极拳、形意拳、八卦掌都学了，但老师说的劈拳是金不换的事，我始终没忘。2004年至今已有10年了，10年来，每天要是不打几趟劈拳，这一天总觉得缺点儿什么。我们小区里一起晨练的那些人都笑我，这一下你都练10年了，天天看你就是这一下儿，你也不烦。他们哪里知道，牛老师的形意拳，是越练越有意思，越练越想练。10年来坚持不懈，终于使我的劈拳渐入佳境。这难道不是一种修行吗？

艺无止境

后来，牛老师去了珠海，我不能天天在老师的指导下练拳了，心里十分想念老师。每次老师从珠海回来，我总要和老师聚一聚，再向老师讨教讨教。自己练了一段时间以后，再向老师讨教，每次竟然都有新的领悟，不仅深深被老师精湛的武艺所折服，也深深地感到艺无止境。

我跟牛老师学武术，既不为名，也不为利。只是出于自己的

爱好。学习太极拳、形意拳、八卦掌,是我几十年来的心愿,牛老师帮我把这个心愿变成了现实。跟牛老师学武术,在练功上,我学到了练武术的规矩,也学到了做人做事的规矩。有了规矩,才能长功力。老师说,这叫差一点儿不长劲。在技击上,我学到了随机灵活运用。规矩是死的,用法是活的,运用之妙,存乎一心。老师说,这个叫走巧。在这个假货横行的时代,我跟着牛老师学到了真正的太极拳、形意拳、八卦掌和真正的武当剑,领略了真正武术的魅力,真是三生有幸!

平实本色　大家风范

珠海　苏一帆

世事多是因缘和合。年轻时不知疲倦地工作和不尽健康的生活方式，除了换取事业上的少许成果，也给身体带来了诸多毛病。面对每况愈下的身体状况，我不得不考虑做一些调养。我感觉打太极拳或许比较适合孱弱的身体。正当我心生此念，便幸运地结识了正在珠海过着半隐居生活的武术大家牛胜先老师。

那年牛老师七十有余，身体健壮，精神爽朗，说话声音清脆洪亮。他思维敏捷，记忆力强，极善言辞。据说，牛老师在国内外多所名牌大学讲学，讲两三天可以不看讲稿。当时，正有一位巴勒斯坦青年跟牛老师学武术，后来陆续有几位外国学生前来探师学艺，我发现他们对牛老师十分敬重和崇拜。那时我还不了解中国武术的现状，亦不知牛老师的地位，但那情形告诉我，牛老师绝非等闲之辈。我为遇上这样的老师而高兴。

能使武盲变武痴

对于年近半百的我来说，初学拳实在难，无论老师如何耐心教，就是比划不下来。看到其他同学学得快，更是焦虑不安。我知道无论习武或其他，都需要一些天分。我从小不喜争斗，对打架之类总是恶而远之，故手脚功夫特别笨，完全是个"武盲"。好在牛老师并不认为我笨。他十分耐心，给我开小灶，手把手地教。他鼓励我说："许多年纪和你差不多的人跟我学拳，最后都学得很好。"我自然明白勤奋的道理。度过了入门困难时期，慢慢跟上了进度。

牛老师是一位非常出色的老师,他深谙教学真谛。如果有一定的基础,跟他学拳其实是一件很轻松的事。他把每一招式细化分解,并把手脚腰的动作描述得精准、形象。边讲解边比划,反复几次,学练者基本就能比划下来。我原是门外汉,故练24式太极拳和32式太极剑觉得非常难,但有了这些基础,学习88式太极拳和56式太极剑时,尽管动作增加了不少,却也很快比划了下来。当然,拳剑易学难精,要练准、练精、练出味道来,还是相当难的。牛老师非常懂得循序渐进的道理,他教我练习不要求一次练对。每次练习只给我纠正两三个动作,待到下次练习又纠正两三个动作,如此一二十遍不断地改,似乎没完没了,当然,错误的动作也越来越少了。

2013年,牛老师重点帮我改88式太极拳和56式太极剑,每一次纠正几个动作,经过大半年的练习,我感到练起来就比较像样了,以前觉得很难练的动作亦能轻松练下来,并且有一种流畅舒服的感觉。我逐渐明白,武术经过多代武术家的改进,动作一定是自然的,不应有任何别扭的感觉。后来,我用此标准判断动作的对错,凡练得别扭的就去告诉老师,请老师纠正。有时老师对我的动作只做少许的调整,练起来感觉马上不一样。牛老师高兴地对我说:"老苏,你已经懂得自己找错,已进入研究生班了。"经历了练武的艰辛,也尝到了成功的喜悦。牛老师由粗到精,由浅入深,由理论到实践,循循善诱,使我日益精进,欲罢不能。我感受到了中国武术的博大精深,亦感受到习拳练武的无穷乐趣,身体也日益强壮起来。不知不觉间,由武盲变成了武痴。

弟子练功心得篇

从学宗师道行深

  为了提高我们习武的兴趣，每逢练武小憩，牛老师便会兴致勃勃地给我们讲述各拳各剑的起源、传承、人物掌故。李洛能、郭云深、董海川、孙禄堂、李玉琳、李天骥等清末民国时期这些大武术家的故事，我真是闻所未闻，十分新鲜。李天骥是牛老师的老师。也许是对李老师怀有超乎寻常的情感，牛老师每逢介绍李老师，往往一开口就说："我老师李天骥，当代大武术家，武林泰斗，剑仙，叶帅、聂帅的老师，入京多年，所遇天下名家众多，无人能胜。"

  在牛老师的多次介绍中，我大概了解了李老师的基本情况和他自己的情况。李天骥是武术家李玉琳的儿子，父子二人均学于孙禄堂。李天骥幼秉家学，随父习武，曾得到李存义、张兆东、程有功、李景林、林志远等大武术家的指点，摔跤学于民国摔跤名家杨法五。精太极拳、形意拳、八卦掌、武当剑、太极推手等，内家拳的集大成者，新中国武术队第一任总教练。编写了《24式简化太极拳》《32式简化太极剑》《88式太极拳》《太极推手》《56式太极剑》等套路；主编了《形意拳术》《武当剑术》等期刊；参与编写《甲级武术套路》《武术比赛规则》《全国体育学院武术教材》。第一个将中国太极拳传授到日本。新中国第一代武林拓荒者。

  牛老师21岁起师从李老师，事师若父，苦练三十多年，尽得真传，取得了巨大成就，成为当今武坛翘楚。1983年获得全国次轻量级太极推手金牌，全国太极拳考核最高分，中国武术八段。1984—1988年出任北京太极推手队总教练。所教学生在全国对抗赛中获8枚金牌、6枚银牌和5枚铜牌。北京太极推手队1986—1988年连续3年获得全国团体第一。执教5年，囊括了参赛的大部分奖牌。所向披靡，名震武坛。

牛老师的介绍使我感到异常震惊，想不到我老师的老师竟然是一代武林宗师，我所接触的功夫竟然是国内最上乘功夫，真不可思议！

太极推手给牛老师带来了巨大的荣誉，奠定了他在中国武坛中的地位。牛老师教我学习太极推手，我越练越有兴趣。我觉得太极推手最能反映出一个武术家的智慧和真本事。它糅合了形意拳的三体式步桩和太极拳的揽雀尾等精华招式。短兵相接，伺机而动；以柔制刚，借力打力，克敌于既败之中，极好地体现了中国哲学思想和兵法智慧。太极推手无疑是牛老师最得意的功夫，经常津津乐道。

我曾笑问牛老师："你和李老师相比谁厉害？"牛老师说："怎么能和老师相比，能有六七分就不错了。"我说："我看过李老师在日本的表演，你的练法有些不一样。"牛老师笑着说："老苏，你还真厉害，能看出我俩的区别。我当然是做了很多改进。"我不敢妄评两位大师的高下，但可以肯定的是，牛老师的招式动作更加合理、流畅，更具观赏性，套用一句书法术语：功夫或不足，天然应过之。

宝剑锋从磨砺出

牛老师在太极推手上取得的巨大成功得益于他扎实的三体式桩功。他常常爱以三体式示人。三体式一站，劲健威武。牛老师常让我们这些学生来试，没有一个人扛得起、推得动。牛老师说："三体式最能体现一个人的真功夫，练好了如落地生根，扛、抬、拉、推纹丝不动，是形意拳的基本步桩，可防可攻。当年我曾用此桩功结合其他招式打倒了两位日本武林高手，后来用这些功夫行走江湖，未遇对手。"三体式确实是牛老师的看家功夫。

弟子练功心得篇

他曾作歌云："三体一式显真功，前臂一伸鬼神惊。南宫长万抬不起，孟贲郭解枉费工。两肘贴肋如电焊，两脚抓地如根生。学拳光学此一式，一式练成万事成。"他一开始就教我站三体式。这动作看似简单，实际上技术要求很高，开始练习根本记不住、练不准、站不久。后来我按牛老师在《形意五行拳和连环拳真传》中讲的要求和方法练习，细心揣摩，坚持了一段时间，大有长进，居然也能站上3分钟，而且能做到落地生根，一般不会武术的人还真扛我不起、拉我不动。牛老师笑着对我说："三体式看似简单，很多人练但没有一个人站得对。"我有些不以为然："别的门派都不会？你的徒弟都不会？"牛老师告诉我："三体式经过多代武术家传承下来，而李老师在继承的基础上又做了改进，他的练法与前人多有不同，故其他门派没有。师兄弟同出师门，但不下大功夫练习体证，许多要点把握不准，久而久之也走样了。"

牛老师还给我讲了他跟李老师学习三体式的故事。他说："有一天李老师大声问我，'老牛，你真想学功夫吗？'我低着头说，'不想学功夫找你干嘛。''好！你要跟我学功夫，就把你以前的破烂全部扔掉。'我脸霎时红了，心里想，我师从名家，习武二十多年，现在是北京东城区工人俱乐部武术教练，我的功夫怎么成了破烂？但又不敢发作，只好委屈地说：'好。''老牛，你站三体式能站多久？''大概5分钟，'我谦虚地说。'好，你站好。'等我站好了，李老师把我从头到脚纠正了一番，看着手表说：'开始！'站了不到两分钟，前臂和后腿热、胀、酸、痛、麻，我一下子拐倒在地上。至此，我方知李老师的功夫是如此厉害，我原来学的武术都是花拳绣腿，不堪一击，确实是破烂。"

我看了牛老师的一些弟子站三体式，我对牛老师说："他们练得好像不对?"牛老师说:"老苏,你现在明白了,要练好,没那么容易!"我明白了,牛老师之所以能成为大武术家,除了得到名师的指点,更重要的是有勤学苦练、持之以恒和精益求精、学无止境的拼搏精神。

牛老师不但功夫好,而且动作十分优美。他说过:一个优秀武术家的武术动作要力求完美,无论从什么角度,任何一瞬间,都要十分好看。他给我讲了一件有趣的事。有一年,他到国外授徒,在一个空旷的草坪上练武,一个老外拿着相机不断拍照。过了几天,他到附近景点观光,竟有人卖他练武动作的照片。牛老师的拳剑动作确实十分优美。他练的太极拳如断藕牵丝,丝欲断还相连,又如逆水推舟,舟行慢而劲足,身随脚移,腰随手转,自然协调,灵动变化,一招一式无不优美潇洒,赏心悦目。

牛老师知道我们习武不是为了做武术家,但训练我们的时候,俨然把我们当成专业运动员。他常说:我是培养武术家的。因此,尽管明知我们成不了武术家,仍然用培养武术家的方法严格要求我们。一方面要求我们一丝不苟地学习套路;另一方面要求我们练习攻防技术。如练习吊胳膊转腰摔打对方、跨步挤击、先捋后挤、拽胳膊打崩拳等等。这些动作运动量极大,有一定的危险性。有一次,我练习跨步挤击,竟使对方连退数步,最后摔倒在地上。牛老师笑着告诉我们:"当年我当北京太极推手队总教练,每天就是这样训练他们。训练结束,很多人累得爬不起来。"接着他又说:"练武就是为了格斗,套路是一系列动作的整合,最终还是为格斗服务。不能格斗的套路只是花拳绣腿,不堪一击。同时,不懂格斗绝不可能把套路练好。"牛老师这段话我深有感触。我练习88式太极拳,当比划下来后,有些动作的练法我是无师自通,实际上是受了那些格斗动作的原理启发。有一次,牛老师看我练云手时说:"老苏,你的动作有我的味道。"我知道原因，那是我懂得了云手的原理。云手，就是掤手和转腰的结合。掤手，把手向外撑圆，外柔内刚，形成一种球形张力，既能防守，也能进攻。这是太极拳和太极推手最常见的手形，简单易练。但社会上的练法很花哨，与我们有很大区别。对于这些现象，牛老师曾多次提出批评。他说："不是过去的武术家不明白，是后学的人没有学明白就去教人，更后学的人也没学明白又去教人，结果是越传越走样。""常有些武术组织请我去指导，你说我去干什么？他们没有一个练得对，我能说他们吗？人家已经是大教练了。""把李天骥老师编的太极拳练成这样，我心痛，故写了一篇文章《你们毁了我的太极拳》。"说至此处，牛老师很是激愤。

平实本色是大家

武术无疑是牛老师一生至爱。但时代变了，武术已失去了实战的社会环境。人们练武大都是为了健身或表演。武术套路与实战要求越去越远。具有深厚文化底蕴和传统历史的中国武术正濒临衰落和失传的危险。出于历史责任感和忧患意识，几年前，牛老师来到珠海过着半隐居生活，着手整理出版形意拳、太极拳、太极剑、八卦掌等著作，把他平生所学留给世人。已出版的第一部武术专著《形意拳五行拳和连环拳真传》是我牵头资助出版的，这是我对老师的感恩，也算是我为中国武术的传承和发展尽绵薄之力。

生活中的牛老师仁慈友善，平易近人。他秉承家学，精丹道养生。他告诉我：古人养生大都把练武和丹道相结合。他无私地把收心求静、开通奇经八脉、六字诀等方法传授给我，我曾依照练习，收效显著，尤其是心脏的律动状况得到明显改善。时间长了，和牛老师也成了朋友，我时常和他喝茶谈天。他看到我喜欢一种茶叶，便对他夫人说："把这茶叶留着，给老苏喝。"牛老师读书不多，但勤奋好学，涉猎甚广，知识渊博，特别让我感到惊讶的是他竟能吟诗作对。有一次，我陪他到清远飞霞山游玩，我们乘船前去。途中他即景赋诗，形象、生动、风趣。我虽好文学，亦自愧不如。

跟随牛老师5年，也许是练武，也许是修丹，也许还有其他，总之，我身体明显好转。5年里，我经历了对武术从陌生到熟练到喜爱的阶段。武术已成为了我生活中不可或缺的重要部分，为我的生活增添了乐趣。然而，让我更难以忘怀的是与牛老师在一起的日子。他对武术事业的专注和执着、对李天骥老师的感恩和尊重、对中国武术日渐衰落的忧虑和惋惜、对授徒的耐心和认真、对朋友的慈祥和友善等，无不深深地感染着我们。牛老师是中国武术界的珍宝。我衷心祝愿牛老师健康长寿，为中国武术事业做出更大贡献。

恩师授我法船桨

郑兴河

我是一名中医师，也是气功爱好者，特别对丹道情有独钟。经多年寻访才拜在了牛老师门下。恩师念吾访道艰辛，数经周折，求道若渴，于是不经三年考验，立收为千峰门下，并赐法号"先兴子"，属千峰先天派金丹大道"先字辈"第三代弟子，其时为2008年3月15日。那时我年届花甲，临近退休，于是按恩师教诲，潜心修炼。古语云："师者，人生之大宝也。"在老师的悉心指导下，自己方向明确，法理明晰，加之自己多年夙愿得以实现，因而勤勉练习，故功效明显。

练功感悟及效验

按照老师的指导，初练功时收心求静，先把各种事情放下，一心一意进入修炼状态。坐定后眼不外视，耳不外听，将心神意放在两眼中间的祖窍穴。老师教导说，此窍是玄关出入的门户，也是明心见性的门户；是锁心猿、拴意马的桩柱，也是延年益寿的阶梯；是过去经书不载、历代祖师秘而不传的一窍。守窍时要用意不用力，似观非观，呼吸自然。我的体念是当感觉到窍内有发胀发紧时，小腹内就会出现一些微妙的感觉，以后这种感觉会逐渐明显，即可把观照之意下移至小腹中。但这种感觉只可意随，不可意引，不可意催。久而久之这种依稀的感觉会加强，似乎是一种"力"的表现，又似乎是一种"势能"蓄而不发。这种"力""能"或可叫"炁"，有时会有温暖之感，或有光感；有时收缩，有时又膨胀；等等。此时的呼吸会逐渐归于此处，而觉察不到是鼻在呼吸；有时又觉腹中的这种收缩与扩张的频率与生活中的呼吸（可称为"后天呼吸"）不同步，各有自己的节律；有时后天呼吸突然停止，也并不感觉憋气，过一会儿才又恢复。由于这种"力"或"能"的作用，腰背自然挺得笔直，且持续至练功结束近一小时，收功后也不觉腰背不适，反而浑身有气力增长之感。这种呼吸运动的结合点可由小腹（下丹田）逐步扩散到胸、头、四肢及全身，真有呼吸至踵的感觉，并出现一股炁从督脉上、任脉下的自行运转。最后又回到下丹田寂静不动。

这些体验不是每次练功都相同，一般白天如用脑少、心平气和、精力充沛，则练功时状态就较好。现在我虽年近七旬，但精力、体力自觉与50岁左右时相似，行走、跑步没有肢体沉重感，思维敏捷清晰，没有老年人常见的高血压、冠心病、糖尿病，多年来的室性早搏及天气闷热时就胸闷憋气的现象一去不复返。而且对新知识兴趣浓厚，对中医理论的理解有更上一层楼的感悟，因而对很多疑难病的诊治很容易抓住疾病本质，疗效更加突出自然不言而喻。我目前的工作是中医专家门诊，由于患者多，且大多是疑难病，早8点至午后1点连续5个小时一刻不停，脑力高度集中，过后也不觉得疲劳。饮食方面，既可以一顿吃得很饱，也可以一天不吃而无饥饿虚弱感。原来看《周易参同契》犹如读天书，自从恩师讲述各步功法后，又经练功实践，功中的各种微妙体验经恩师一一剖析，现在看这一"丹经之王"，好像和自己有了亲切之感。真如恩师说的"得诀归来好看书"。

师恩浩荡授船桨

欲诣扶桑，无舟莫适；要登彼岸，必耐法船。这舟、这船只有明师才能为之造就，以勤修苦练为桨，才有可能抵达彼岸。我的恩师牛胜先既是全真道教龙门派庙外秘传十三代掌门和千峰先天派金丹大道第二代嫡传掌门，又是中国武术八段宗师，融形意拳、八卦掌、太极拳内家拳于一体，为原北京太极推手总教练。恩师为人正直宽厚，仁慈友善，心胸宽阔，眼界深广，以德立身，以诚待人。在道功上既有密传的家学渊源，又在道学理论上有精深的研究，且在修炼上有深厚的修为。在武术上精通太极拳、形意拳、八卦掌，且对这些拳法融会贯通，达到了随心所欲、灵活运用的境界，是内家拳术的集大成者。更可贵的是他潜心刨根溯源、探索实践，把丹道与武术有机结合起来，力求推陈出新、发扬光大。

  恩师身上虽有如此多的光环及成就，却又具有菩萨般的心肠，对我们提出的问题总是循循善诱、深入浅出、旁征博引、亲身示范，使弟子能悉心领会，早日受益。静坐修炼，原理、原则、方法看似简单，可练习中会遇到很多预想不到的境况发生，每当自己感到困惑时，老师在电话里就及时给以指导。如果没有老师的指点，仅靠自己去悟很难明了，搞不好还会发生偏差。而恩师却能一语点破，真是师之一句话，胜读十年书。经几年考验，恩师念吾待师心诚，尊师重道，心志不退，又传我道教龙门下手炼精化炁、留精保命绝密功法，并赐全真龙门法号"复兴"，为全真龙门派庙外秘传"复"字辈第十四代弟子。自此吾心志更坚，在革除各种欲望方面加倍努力，决心不辜负恩师的训诫："望汝更加努力练功，修成正果，以光大我龙门之门户。"我虽从道功入门，为防身护道，恩师又引导我练习武术，并根据我的年龄特点放弃习练拳术套路，教我直接练习基本桩功，练内劲、整劲的法门及简单实用的防身技巧，以期武道同修、相得益彰。我经浅尝即品到了武道同修的好处，如静坐对习武的桩功有很大的促进作用；武术的练劲，动作招式练习又能使打坐时易于入静。

百尺竿头更进步

初步的收心求静,已使我获益匪浅。恩师又适时给我指出要彻底消除欲望,才能百尺竿头更进一步,欲穷千里目,需更上一层楼。人的七情六欲是多年积习而成,有的是与生俱来,所谓欲壑难填,但只要下定决心,困难总是可以克服的,更何况还有各代祖师成功的榜样激励着我们,最终达到炼气化神、炼神还虚而登彼岸。吾将竭力践行,不负恩师厚望。

内家拳强身健志之我见

广州武协形意拳会常务副会长　彭东原

我于1995年12月师从牛胜先老师学习太极拳、形意拳、八卦掌等内家拳术和丹道养生功法。近20年来，先后多次参加国际、全国太极拳和形意拳大赛，以及广东省、广州市的传统武术比赛，获得了多枚金牌和银牌。多年的坚持，让我获益良多、感受良多，下面就内家拳强身健志功效，谈一点认识和体会。

一、关于内家拳的强身健志功效

有人认为，现在已经不是冷兵器时代，科技发达，习武没有什么用处了。其实不然，拳术尤其是内家拳术的应用，不仅体现在技击上，更多的是体现在强化综合素质、提升人生境界等诸方面。

毒，在文学上是"凶狠"的意思，是遭人唾弃的贬义词；但在内家拳里，把它解释为"敏锐"，是每个习武者梦寐以求的褒义词。所以，问题的关键是，你从什么角度去认识它。

习练内家拳的好处，主要表现在四个方面：一是强身祛病，这是武术最基本的作用；二是改变人的气质，这是隐藏的，也是习武最重要的作用；三是增强人的综合素质，帮助人们在其他领域集聚能量，这是人们容易忽略而又非常关键的作用；四是防身护体，这是武术的特质，是武术与生俱来的作用。

就算撇开内家拳的防身作用不谈，其他任何一点都能让我们获益匪浅。所以，内家拳在人们的生活中，具有很强的生命力，是很值得我们去学习和挖掘的。《周易·系辞传》有一句话，"百姓日用而不知"，耐人寻味。

二、关于内家拳的强身祛病功效

病是怎么来的？人是动物，所以离不开动，如果不动的时间长了，阴邪占据了我们的身体，正不压邪，那么病就来了。《黄帝内经》里有两句话："苍天之气，清净则志意治，顺之则阳气固，虽有贼邪，弗能害也"，"凡阴阳之要，阳密乃固。"从这两句话里面我们可以认识到中医的养生治病，归根结底要落到培养"阳气"上来。而练武的过程，实际上就是培养阳气的过程。通过锻炼，我们把惰性赶走了，换之而来的是阳气充斥全身，阳气密固，人的抵抗力就强，这样一来，阴邪就没有了立锥之地，邪不胜正，我们的身体就能够保持健康。

在练拳的过程中，我们会汗透全身，从医学的角度来讲，排汗是人体排除体内毒素的一种方式。被誉为千古第一方的"桂枝汤"，就是通过发汗来治病的。所以，长期的锻炼，保证了身体排毒系统的通畅，我们当然就能精神爽利了。

三、关于内家拳的美化气质功效

祖先告诉我们：一阴一阳之谓道。其实文武不可或缺，文不习武，则缺乏阳刚之气，武不修文，则缺少阴柔之美。文武双修，刚柔并济，才是一个完整的人。练内家拳，不同于外家拳。内家拳以道家思想为理论，反对逞强斗狠，倡导内外兼修，以柔克刚，四两拨千斤。内家拳带给我们勇敢和坚定，带给我们真诚和智慧，两者相辅相成。威武中带着亲切，善良中透着英气，这才是一个健康的人格体现。

如太极推手讲究粘连黏随、避实就虚、引进落空、见十字发,这与毛主席提出的游击战术16字诀"敌进我退、敌驻我扰、敌疲我打、敌退我追"是相呼应的,两者都一语中的地道出了武学的精髓。从技术上说,沉稳而不呆滞,轻巧而不虚浮,勇猛中寓含着柔韧,圆活而又不失刚健,这是内家拳术所追求的境界。内家拳,除了在形式上能御敌防身之外,更重要的是能在无形中培养我们的勇敢和正义,以此来捍卫人性的正直,驱除邪恶,保我本色,在习武中收获正能量、美化气质、强健气节。

四、关于内家拳的提升素质功效

如果只在技击上谈打谈用,那么内家拳就显得太渺小了。我们说做学问要"学以致用",这种用,不是只限于本专业的那种狭隘的用,而是能运用到生活上方方面面的广泛的用。内家拳是研究"力"的学问,是一门实践性的技术,所以离不开手的动作,因此,一切通过手来完成的工作,都能把内家拳渗透进去,融入其中。

比如搬东西,特别是重物,一定要用上合抱之力,不能惜身或弓着腰蛮干。值得一提的是按摩,按摩与内家拳的糅合让我们更直接地领悟到"医武同源"。按摩的力道讲求"透、活、柔、顺",不是要死力,不是要把人弄得吱哇乱叫才算好。如果用力不当,即便是辩证准确、治法恰当、手法娴熟、取穴精准,也会功亏一篑、劳而无获。通过练内家拳,我们会养成一种不亢不卑、不温不火的性格。世界上,好看不等于好用,最强不等于最好。

五、关于内家拳的净化心智功效

与人较技,除了实力以外,还要有灵巧的反应。敏捷的思维、敏锐的洞察力、短暂的判断、瞬间的调整、精巧的发力,这种精妙细腻的技艺蕴藏着运筹帷幄、决胜千里的大智慧，绝对不是一个头脑简单、脾气暴躁的人所能领悟得到的。

任何一门学问，最终必须合于"道"。一个富甲一方的人，如果不能归于道，那么他的生活将变得颓废，因为他已经没有追求了。一个文采飞扬的人，如果不能为广大群众服务，他的思想就会失去灵魂，因为他没有找到生命存在的价值。一个武功盖世的人，如果不能归于道，他的生活也将失去意义，因为他已经不能再有突破了，这就是"亢龙有悔"。所谓"技为末术"，眼光只落在一些有形的事物身上，走得越快，烦恼和迷惑就会越多；走得越远，孤独和痛苦就会越深。

善果是修来的，气质是炼成的。深山密竹，世外桃源，是修养栖息的好地方，置身其中，朗朗乾坤，照彻灵心，碧水青山，涤荡胸怀，在这里，我们可以尽情地遨游心灵的世界，去感受那份空灵，去沐浴那份清净。诸子百家同修道，八仙过海各神通。红尘剑客《南乡子》，武道同修唤同人。

借此机会，赋《南乡子·剑》一曲，献给恩师牛胜先先生及同门师兄弟们：月下当空舞，萧萧长剑轻风吐。走转灵蛇飞鸾凤，寒光，灼灼射人透心腑。身定气势延，剑式唯美弄心弦。碧野清空抒奇志，翠竹，节节淡雅炼精神。

龙门丹道法　助我太极功

国际孙禄堂武学联合会主席　李斌

武术和道家气功都是中华民族传统文化的瑰宝，几千年传承下来，一直都承载着它自身的历史使命。当下是传统文化复兴的热潮期，牛老师的武道双修大作得以面世，真是件大功德的事情。既能使练武术内家拳者很好地了解丹道性命双修功法，又可以让正在修炼丹道的人大大提高！让它们发挥更大的历史使命。

余自幼习武，跟随恩师孙叔容研习孙氏武学近三十年，当年对孙禄堂老爷爷的拳论所言炼精化气、炼气化神、炼神还虚、炼虚合道等拳论总是有些疑惑，但是十几年前在北京的一次武术活动上遇见牛胜先老师，听他说起丹道养生的功法，讲如何下手炼精化气，转手炼气化神，了手炼神还虚，撒手闭气炼虚合道。当时对我有极大的吸引力，就诚恳地向牛老师请教。记得经过一段时间沟通了解，牛老师终于可以教我全真龙门庙外秘传的性命双修功法，后来和老师见面多了，老师就送了一些丹道功法及性命双修的老书给我看，真是如获至宝，对我理解和消化孙氏拳论里的呼吸动静虚实阴阳及丹道功法帮助非常大。在这里真心感谢师恩传我丹道法诀、助我太极功力，并赐复贞法名号先阳子。

道德通玄静，真常守太清，一阳来复本，合教永圆明，至理宗诚信，崇高嗣法兴，世景荣惟懋，希夷衍自宁。龙门庙外第十三代弟子来阳师可谓当代修道人中的武功高人，又在习武人中丹道修炼境界极高，真可谓性命双修！

愿牛老师的这本《武道双修录》能给更多的大众带来身心健康！

后 记

　　本书在组织编写过程中，得到了国际丹道内家拳推广有限公司、世界丹道养生联盟和广州武协形意拳会的大力支持。作者长子牛晓旭策划了编研工作。弟子胡复丹、马劲柯、李斌、张希凡等具体组织实施编写、出版等工作。弟子刘作新、苏思昶、关克林、谭锡坤、黄庆春等积极参与研讨。当代著名书画家、收藏家、广州艺术品行业商会会长石金柱先生题签了书名。本书还借鉴吸收了近年来武术界部分专家学者的最新研究成果，在此深表敬意和谢意。由于水平有限，书中难免会有不当之处，敬请方家批评指正。

　　　　　　　　本书编研秘书组

图书在版编目（CIP）数据

武道双修录 / 牛胜先著. –北京：人民体育出版社，2017
(2018.5.重印)
ISBN 978-7-5009-4975-6

Ⅰ.①武… Ⅱ.①牛… Ⅲ.①太极拳–基本知识②形意拳–基本知识③八卦掌–基本知识 Ⅳ.①G852.1

中国版本图书馆 CIP 数据核字（2016）第 093368 号

*

人民体育出版社出版发行
三河紫恒印装有限公司印刷
新 华 书 店 经 销

*

880×1230　32 开本　7.25 印张　171 千字
2017 年 5 月第 1 版　2018 年 5 月第 2 次印刷
印数：5,001—8,000 册

*

ISBN 978-7-5009-4975-6
定价：22.00 元

社址：北京市东城区体育馆路 8 号（天坛公园东门）
电话：67151482（发行部）　　　邮编：100061
传真：67151483　　　　　　　　邮购：67118491
网址：www.sportspublish.cn
（购买本社图书，如遇有缺损页可与邮购部联系）